优生·优育·优教系列

胎教
同步指导专家方案

夏颖丽 编

四川科学技术出版社
·成都·

前言 Preface

在这个提倡优生优育的时代，恭喜翻开本书开始胎教的准妈妈，因为你的宝宝已经领先一大步了。

胎教效果是由胎宝宝各个阶段的发育来支撑的，胎宝宝各个不同的发育阶段有与之适配的不同胎教方法。

在胎宝宝五感、意识发育之前，准妈妈应保持良好情绪，供给胎宝宝均衡、充足的营养。这样就可以给胎宝宝一个良好的发育环境。

到孕4个月的时候，胎宝宝的五感、意识已开始发育，准妈妈除给胎宝宝提供均衡、充足的营养和保持良好情绪之外，还要给胎宝宝一些直接胎教，比如语言胎教、音乐胎教等。

在宝宝出生之后，也要继续坚持之前胎教的内容，让宝宝的记忆得以保持。

本书按照孕育的不同阶段分为备孕和孕1~10月共11个部分。孕1~10月部分开篇都先说明了当下胎宝宝的发育状况，接着说明一些胎教的相关知识，然后则是适合该阶段的详细胎教方案。

本书提供的胎教方案简单而有趣，不会给准妈妈和准爸爸增加压力，准妈妈和准爸爸按照这些方案去做就行。

相信受过良好胎教的宝宝，绝对会给准妈妈和准爸爸带来意想不到的惊喜！

Contents |目录|

胎教开始于备孕

■ **胎宝宝还不是宝宝** — 2
精子与卵子期待会面 — 2

■ **胎教新知** — 3
什么是胎教？ — 3
胎教真的有用吗？ — 3
为何要做胎教？ — 4
胎教本质是将爱与体验传递给胎宝宝 — 5

■ **胎教正当时** — 6
情绪胎教：做好充分的思想准备 — 6
营养胎教：滋养卵子的好物 — 7
优境胎教：做一次全面的孕前体检 — 8
优境胎教：从备孕开始谨慎用药 — 10
优境胎教：小心把怀孕当感冒处理 — 10
优境胎教：怎样让卵子更优质 — 12
优境胎教：怎样让精子更有活力 — 13
优境胎教：给胎宝宝创造良好的内外环境 — 15

孕1月

- **胎宝宝新变化** … 18
  - 精子与卵子结合并着床 … 18
- **胎教新知** … 19
  - 孕期从末次月经第一天开始 … 19
  - 外界环境通过母体影响胎宝宝 … 20
  - 受过良好胎教的宝宝有什么不一样 … 20
  - 利用音乐的神奇作用 … 21
- **胎教正当时** … 22
  - 优境胎教：在最佳年龄生育 … 22
  - 优境胎教：选个最佳月份受孕 … 23
  - 优境胎教：家庭《八互歌》 … 24
  - 情绪胎教：别把怀孕当压力 … 24
  - 情绪胎教：种一盆绿色植物，感受生命的美好 … 25
  - 情绪胎教：保持好心情 … 26
  - 情绪胎教：写怀孕日记记录美好生活 … 28
  - 营养胎教：坚持补充叶酸 … 28
  - 营养胎教：营养均衡，定时定量 … 29
  - 阅读胎教：《他会是什么模样》 … 30
  - 音乐胎教：烦躁时听听这些音乐 … 31
  - 音乐胎教：名曲《欢乐颂》 … 33
  - 艺术胎教：电影《初试啼声》 … 34
  - 准爸爸胎教：营造良好的家庭氛围 … 35

孕2月

- **胎宝宝新变化** … 38
  - 从大写的"C"变成一个精致的迷你胎宝宝 … 38
- **胎教新知** … 39
  - 激素如何影响准妈妈的情绪 … 39
  - 孕吐是胎宝宝的自我保护 … 40
  - 顺其自然应对嗜酸、孕吐 … 40
  - 致畸敏感期的安全防护 … 41
- **胎教正当时** … 42
  - 营养胎教：怀孕了怎么吃 … 42
  - 营养胎教：孕早期要让饮食结构更合理 … 42
  - 营养胎教：开胃、止吐的美味 … 44
  - 营养胎教：开胃、止吐食谱推荐 … 44
  - 优境胎教：不利于安胎的食物不能吃 … 47
  - 情绪胎教：好心情是最好的胎教之一 … 48
  - 美育胎教：感受美，传达美 … 48
  - 阅读胎教：林徽因诗歌二首 … 50
  - 阅读胎教：散文诗《孩童之道》 … 51
  - 艺术胎教：电影《白兔糖》 … 53
  - 音乐胎教：名曲《仲夏夜之梦》序曲 … 54

孕3月

运动胎教：散步是适合整个孕期的运动　54
准爸爸胎教：爱准妈妈等于爱胎宝宝　56

■ 胎宝宝新变化　58
　　长成人模人样的胎宝宝　58

■ 胎教新知　59
　　胎教既利于胎宝宝也利于准妈妈　59
　　熟悉产检时间表　60

■ 胎教正当时　62
　　营养胎教：巧吃鱼，宝宝更聪明　62
　　营养胎教：健康喝水　63
　　营养胎教：孕吐时补充营养的小妙招　63
　　营养胎教：自制健康饮料——胡萝卜橙汁　64
　　情绪胎教：别让坏心情缠着自己　65
　　情绪胎教："心理体操"　66
　　阅读胎教：绘本《猜猜我有多爱你》　67
　　阅读胎教：故事《胖奶奶和三只小猫》　67
　　音乐胎教：圆舞曲《维也纳森林的故事》　69
　　音乐胎教：圆舞曲《蓝色多瑙河》　69
　　美育胎教：王羲之《兰亭集序》　70
　　艺术胎教：电影《千与千寻》　71
　　准爸爸胎教：给胎宝宝起名字　73

孕4月

■ **胎宝宝新变化**   76
   胎宝宝会做"鬼脸"了   76

■ **胎教新知**   77
   解读斯瑟蒂克胎教成功之处   77
   准爸爸是胎教不可或缺的角色   78
   胎教音乐依照性格选择   79
   孕期体重增长有要求   80

■ **胎教正当时**   81
   美育胎教：给胎宝宝身心以美的熏陶   81
   营养胎教：补钙   82
   营养胎教：当心营养超标   83
   营养胎教：特别想吃的食物可适量吃一些   84
   阅读胎教：故事《狐狸和猫》   84
   阅读胎教：王维山水诗两首   86
   情绪胎教：给自己减压   87
   运动胎教：孕妇操   87
   艺术胎教：名画《松林的早晨》   89
   美育胎教：插花   89
   优境胎教：不要对不良胎梦耿耿于怀   90
   意念胎教：贴一张可爱宝宝照   91
   准爸爸胎教：对弈   92

孕5月

■ **胎宝宝新变化**   94
   胎动出现并逐渐频繁   94

■ **胎教新知**   95
   胎动的感觉   95
   胎宝宝外貌会获得什么遗传   96
   智力不会百分百遗传   97
   胎教不仅是技术，更是一种态度   98
   语言胎教可为后天学习能力打好基础   99

■ **胎教正当时**   100
   情绪胎教：不要因为妊娠纹忧虑   100
   语言胎教：跟胎宝宝说拟声词   101
   语言胎教：《燕诗示刘叟》   102
   语言胎教：故事《小熊过桥》   104
   营养胎教：科学饮食，避免变成"糖妈妈"   105
   营养胎教：补铁   106
   营养胎教：每天吃一些坚果   107
   音乐胎教：歌曲《康定情歌》   108
   艺术胎教：电影《放牛班的春天》   109
   自然胎教：亲近自然之美   110
   美育胎教：准妈妈爱美会正面影响胎宝宝   110

目录

孕6月

运动胎教：孕期瑜伽　　　　　　111
优境胎教：挑选几件合适的孕妇装　113
准爸爸胎教：帮助准妈妈减压　　　114

■ **胎宝宝新变化**　　　　　　　　116
　　大脑有意识了　　　　　　　　116

■ **胎教新知**　　　　　　　　　　117
　　准妈妈是胎教的主体　　　　　117
　　抚摸胎教怎么做　　　　　　　118
　　消灭致畸幻想　　　　　　　　118

■ **胎教正当时**　　　　　　　　　119
　　营养胎教：准妈妈多吃也不易胖的
　　食物　　　　　　　　　　　　119
　　营养胎教：妊娠高血压综合征的饮食
　　调养　　　　　　　　　　　　120
　　营养胎教：怎样健康喝茶　　　122
　　益智胎教：迷宫游戏　　　　　122
　　美育胎教：简笔画"玫瑰花"　　123
　　音乐胎教：名曲《月光》　　　124
　　音乐胎教：芭蕾舞曲《糖果仙子
　　舞曲》　　　　　　　　　　　125
　　语言胎教：故事《牛顿有时也不
　　开窍》　　　　　　　　　　　126
　　语言胎教：趣味手指童谣　　　127
　　艺术胎教：电影《飞屋环游记》　128
　　优境胎教：准妈妈尽量少去公共
　　场所　　　　　　　　　　　　129
　　自然胎教：如何晒太阳　　　　129
　　准爸爸胎教：陪准妈妈说心里话　130

孕7月

■ **胎宝宝新变化** 132
　大脑发育进入又一个高峰 132

■ **胎教新知** 133
　经营二人世界的浪漫 133
　运动胎教：让胎宝宝获得健康好体质 135
　练习凯格尔运动有助顺产 136
　拉梅兹呼吸法 136

■ **胎教正当时** 138
　情绪胎教：经常微笑 138
　营养胎教：帮助大脑发育的食物 138
　营养胎教：补充蛋白质 140
　营养胎教：胎宝宝偏小必须补充营养吗 141
　语言胎教：诗歌《请回答我，七月》 142
　语言胎教：与胎宝宝说英语 142
　语言胎教：跟胎宝宝随时对话 144
　运动胎教：适量做点家务活 145
　益智胎教：趣味推理题 146
　美育胎教：拍美美的孕照 147
　艺术胎教：电影《音乐之声》 148
　优境胎教：注意浴室设备安全 149
　准爸爸胎教：不要吃胎宝宝的醋 150

孕8月

■ **胎宝宝新变化** 152
　脑细胞神经通路完全接通 152

■ **胎教新知** 153
　坚持定时数胎动 153
　每天进行胎教的最佳时间 154
　不要让胎教烦扰胎宝宝 154
　学会听胎心 155
　胎教不当会引起反效果 156

■ **胎教正当时** 157
　营养胎教：通过饮食缓解胃肠胀气 157
　营养胎教：自制美味通便燕麦饼干 158
　音乐胎教：葫芦丝曲《月光下的凤尾竹》 159
　运动胎教：职场准妈妈可以做的办公室"小动作" 160
　阅读胎教：漫画《父与子》 161
　语言胎教：歌曲 If You're Happy（《如果你感到快乐》） 162
　语言胎教：故事《小兔的春装》 164
　语言胎教：妙趣横生的颠倒歌 165
　闪光卡片胎教：识繁体字"愛" 165
　运动胎教：简单的盘腿坐 166

孕9月

艺术胎教：电影《阳光小美女》 167
准爸爸胎教：一起布置婴儿房 169

■ **胎宝宝新变化** 172
 胎动逐渐减少 172

■ **胎教新知** 173
 怀孕让准妈妈变笨了吗 173
 小心运动后的不良反应 174

■ **胎教正当时** 176
 动脑时间：玩转七巧板 176
 营养胎教：有助于顺产的食物 177
 营养胎教：准妈妈产前太瘦怎么吃 178
 营养胎教：适当多吃安神食物 180
 语言胎教：童趣古诗五首 180
 语言胎教：给胎宝宝讲小时候的事 182
 阅读胎教：诗歌《雪花的快乐》 183
 阅读胎教：短文《飞不走的蝴蝶》 184
 音乐胎教：一起来学唱 Do-re-mi 185
 音乐胎教：圆舞曲《小狗圆舞曲》 186
 音乐胎教：一起来学乐曲 187
 艺术胎教：电影《新鲁冰花》 188
 准爸爸胎教：孕晚期尽量了解相关知识 189

孕10月

- **胎宝宝新变化** 192
  - 等待降生的那一刻 192

- **胎教新知** 193
  - 帮准妈妈克服对分娩的恐惧 193
  - 准爸爸的产前焦虑 194
  - 了解怀孕的好处 195
  - 胎宝宝有可能超过预产期还不出来 196
  - 记得宝宝出生后要巩固胎教的成果 197

- **胎教正当时** 198
  - 营养胎教：吃一些让心情更好的食物 198
  - 营养胎教：临产前可以喝汤补充体力 199
  - 语言胎教：传统读物《百家姓》 200
  - 阅读胎教：故事《白蝴蝶》 202
  - 益智胎教：做一做数字小游戏 203
  - 益智胎教：动脑摆一摆火柴棒正方形 205
  - 音乐胎教：乐曲《摇篮曲》 206
  - 音乐胎教：学唱英文小儿歌 207
  - 艺术胎教：名画《第一步》 208
  - 艺术胎教：电影《地球上的星星》 209
  - 意念胎教：致快乐的小天使 210
  - 阅读胎教：故事《请不要生气》 211
  - 准爸爸胎教：陪产 211

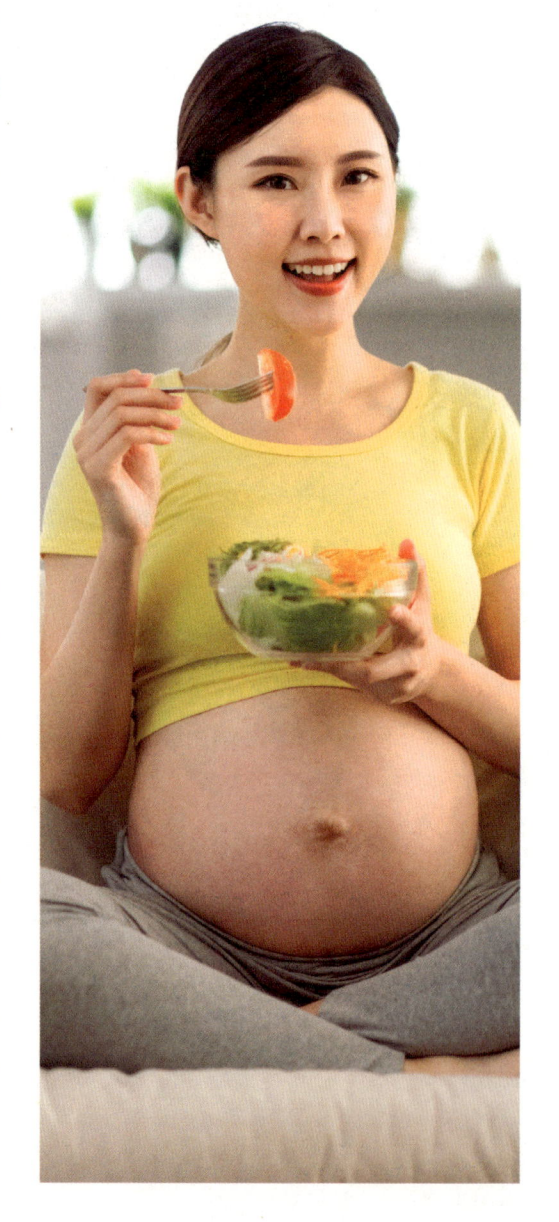

>>>

胎教开始于备孕

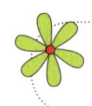

胎宝宝还不是宝宝

精子与卵子期待会面

胎教须知

精子和卵子分别存在于准爸爸和准妈妈的体内,月经是准妈妈每月一次排卵后未能受精的表现。如果准妈妈月经没有来潮,可能就是卵子已经受精,成为受精卵了,那么准妈妈要做好怀孕的准备。

更多了解

精原细胞发育成成熟的精子需要12周左右,每个精子均承载着准爸爸的基因密码。准爸爸每次射精会排出3~6毫升的精液,含有上亿个精子,但只有少数精子有幸进入子宫,而它们最多只有4天的寿命,最终能遇到卵子的只有少数几个,最终能与卵子结合的幸运儿一般只有1个,没能遇到卵子的精子便会自然死亡。

准妈妈的体内有两个卵巢,它们在准妈妈还是胎宝宝的时候就已经存在了。卵巢储存卵原细胞、生成卵子。准妈妈到了青春期后,每一个月经周期,通常会有数个卵泡争相成熟,但是,最后只有成长最迅速的一个卵子可以顺利地从卵泡中排出,而剩余的"竞争者"会相继退化消失,可谓"百里挑一"。

排出的卵子进入输卵管,然后在输卵管中存活1~2天,以等待与精子的相遇。如果卵子与精子顺利结合,下一个卵子的诞生一般会是一年以后的事情。如果卵子没有遇到精子,同时又缺少激素的滋润,那么会随子宫内膜剥落,其中的血管破裂出血时,经阴道排出,形成月经。

贴心提醒

如果准妈妈月经周期是28天的话,那么大约在下次月经来潮前的第14天发生排卵,具体时间因人而异,准妈妈可以通过测量基础体温,或使用排卵试纸得出更准确的时间(尤其适合月经周期不规律的准妈妈)。

| 胎教开始于备孕 |

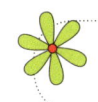

胎教新知

什么是胎教？

胎教须知

胎教是为了促进胎宝宝生理和心理的健康发育，而采取的一系列包括营养、环境、精神等方面的孕期保健措施，比如抚摸、对话、听音乐、唱歌等，直接或间接地激发胎宝宝的思维、感觉、运动等方面的潜能。

更多了解

胎教一词源于我国古代。古人认为，胎宝宝在母体中能够受准妈妈情绪、言行的感化，所以准妈妈必须谨守礼仪，给胎宝宝以良好的影响，此为胎教。唐代医学家孙思邈在《千金要方》中提出了逐月养胎法，其中说，妊娠三月，要"居处简静，割不正不食，席不正不坐，弹琴瑟，调心神，和性情，节嗜欲，庶事清净，生子皆良，长寿忠孝，仁义聪惠（慧），无疾"。

要实施胎教，必然要重视准妈妈的身心状况。准妈妈获取充足的营养，然后将之提供给胎宝宝；准妈妈身心愉悦，胎宝宝便也能一同感受。胎教是否有效，取决于准妈妈是否有良好的接受度，是否有毅力坚持进行。

贴心提醒

那些做了能让准妈妈觉得高兴的事，准妈妈在孕期都可以坚持做下去，只要不影响胎宝宝安全，都是很好的胎教。

胎教真的有用吗？

胎教须知

如今胎教成为一门科学，有许许多多成功的案例。国外的斯瑟蒂克夫妇有4个女儿，智商都在160以上：大女儿5岁时从幼儿园直升高中，11岁成为大学医科预科生；二女儿7岁读高中一年级；三女儿7岁是中学二年级的学生；4岁的小女儿在家学习小学高年级的课程。用遗传学的观点很难解释同一对夫妇的4个孩子都是天才的这种情况，斯瑟蒂克夫妇认为是他们的胎教行为创造了这样一个奇迹。

更多了解

中国古代也有胎教成功的典范。《列女传》记载："太任之性，端一诚庄，惟德之行。及其有娠，目不视恶色，耳不听淫声，口不出敖言，能以胎教。溲于豕牢，而生文王。文王生而明圣，太任教之，以一而识百，卒为周宗。君子谓太任为能胎教。"这是说周文王的母亲太任在怀孕时就十分注重胎教，听到有人在吵架，太任就绕道离开，也不看邪恶的事物，更不会说傲慢伤人的话，不做一切不良的举止，始终保持有规律的作息和心情平静。周文王出生后聪明伶俐，读书、识字总是一学就会，还能触类旁通，最终成为优秀的帝王。从这个记载可看出古人认为胎教事关方方面面，需要父母身体力行。

贴心提醒

一定要把胎教当一回事儿去做，很多研究表明，胎教对宝宝良好的影响不仅体现在出生后，很多可能是长期的，比如使宝宝养成不挑食、早睡早起的习惯等。

为何要做胎教？

胎教须知

婴儿出生前形成的大脑旧皮质，是出生后形成的大脑新皮质的基础，在大脑旧皮质良好的基础之上，大脑新皮质会得到更好的发育。

更多了解

现代科学已证明，胎宝宝不仅具有视觉、听觉、活动能力和记忆能力，而且能够感受准妈妈的情绪变化。怀孕期间，采取适当的方法和手段，有规律地对胎宝宝的听觉和触觉实施良性刺激，通过外周神经系统传递到大脑，可促进胎宝宝的大脑皮质良好发育，不断开发潜在能力。

受过良好胎教的宝宝日后更聪明、更健康、更灵敏，在婴儿期情绪稳定，较容易安抚；性格活泼，容易与人相处；身体的各种功能也发育较早，比如语言能力、运动能力与感觉能力，对事物的敏感性也可能更高。

胎教的意义不在于培养神童，而是为了让宝宝更好地发挥潜能，使人生更为丰满，让未来有更多选择。除此之外，胎教对准妈妈也会产生好的影响，准妈妈在怀孕时要树立母亲意识，让腹中胎宝宝感受到自己内心柔柔的爱意，要时时刻刻注意自己的一言一行对胎宝宝的影响。这种思想意识的升华比胎教教给胎宝宝的东西更有意义。

贴心提醒

每对父母都希望自己的宝宝更为聪明、漂亮、活泼，有时候这种情况是天生的，而有时候则与父母的培养行为有关系。有因才有果，有付出方可期望收获。

胎教本质是将爱与体验传递给胎宝宝

胎教须知

胚胎在第4周时神经系统就开始形成，能对刺激做出反应；第16周时，胎宝宝能毫不困难地转动头部、双臂和上半身，还会摇摆身体或蹬腿表示其喜欢或厌恶；第25周时，胎宝宝的听觉系统发育完成，神经系统已发育到相当程度，声音、光线及准妈妈的触动都能引起胎宝宝的反应。

更多了解

胎教也许创造不了奇迹，但是完全可以通过调节准妈妈的身心以及给胎宝宝以合适的刺激，来激发胎宝宝的潜能，让胎宝宝在生命之初得到良好的培养。

胎宝宝和准妈妈之间存在着一种奇妙的联系。现代科学认为，胎教得以实现的基础是胎宝宝可以感受到准妈妈的情绪，可以辨认来自准妈妈的心搏声……因此，只要认真努力地实施胎教，用一颗充满慈爱的心与胎宝宝共度每一天，宝宝以后一定会更聪明、更快乐、更活泼。

父母对胎宝宝的期待和爱意，准妈妈在孕期的生活感受及胎宝宝的成长点滴，父母与胎宝宝进行语言、行为、心灵上的沟通，这就是完整的胎教。所以胎教的本质是情感、体验的传达。

胎教首先源于爱，父母实施胎教时的爱越强烈，胎教效果也就越好。父母实施胎教时必须充满着爱，才能深切感受到胎宝宝的点滴变化，这是对胎宝宝健康成长极为重要的亲情联结，能为日后宝宝形成热爱生活、积极向上的优良性格打下基础。

请准妈妈快乐地进入孕期，用轻松愉悦的心情去体验和胎宝宝在一起的一点一滴，用各种胎教手段去丰富孕期生活，比如听音乐、阅读、玩益智游戏等，保持良好的心态，做一些积极的努力。这不仅能给胎宝宝以感知觉的良性刺激，也会令其心情愉悦，从而促进身心发育。

贴心提醒

胎宝宝能听，能感受，渴望与父母交流，喜欢听父母讲话，也喜欢父母逗自己玩。当父母情之所至时，自然而然地会有交流的欲望，如果可以，每天都应记得跟胎宝宝说说心里话，做点小游戏。

胎教正当时

情绪胎教：做好充分的思想准备

胎教须知

胎宝宝的到来，会给夫妻双方带来社会、心理及物质方面的挑战。在怀孕之前，夫妻双方要做好养育后代的思想准备，这样，才能更快地完成为人父母的角色转变，也有利于夫妻双方在孕期保持一种轻松、平和的心态，避免心理失调。

更多了解

准妈妈要有心理准备去面对自己身体将发生的一系列变化。不少准妈妈十分担心怀孕后的情况，一是怕怀孕后影响自己原来的体形；二是怕难以忍受分娩时产生的疼痛；三是怕自己没有经验，今后带不好宝宝。其实，这些顾虑都是没有必要的。毫无疑问，准妈妈怀孕后，由于激素和生产过程的影响，体形会发生较大的变化，但这只是一种暂时现象，只要坚持锻炼、合理营养，就可以恢复产前体形。事实证明，凡是在产前做准妈妈体操，产后认真进行健美锻炼的年轻女性，身体的素质和体形都会很快地恢复原状甚至有所优化。另外，分娩时所产生的疼痛也只是短暂的，只要按照医生的要求密切配合，就能减轻痛苦，顺利分娩。

作为准爸爸，会担心宝宝的到来会破坏两人的小世界，也会担心自己没有经验养育好宝宝等。其实，这些担心也是多余的，宝宝的到来或许会给夫妻的生活带来一些麻烦，但是宝宝也会给生活带来更多的乐趣和憧憬。做爸爸既是对人类繁衍和社会发展的贡献，也是一种神圣的责任，准爸爸应该感到自豪和骄傲。

宝宝是夫妻爱情的结晶，是夫妻共同生命的延续，为了人类的不断繁衍，为了夫妻间诚挚的爱,妻子要有信心去承担孕育、生育的重担。拥有强烈的责任感和坚定的信念,夫妻双方才能克服一切困难,迎接宝宝的到来,从而产生并体验到人类最美好的情感——父爱和母爱。

贴心提醒

准妈妈怀孕之后,由于生理发生变化,在心理上也会产生许多变化,会更渴望得到亲人的爱抚和关怀,准爸爸要理解并认识到这一点,并做好充分的思想准备,采取各种方法给予准妈妈更多的关怀和爱抚,使准妈妈心情愉快,顺利地度过孕期和产期。

营养胎教:滋养卵子的好物

胎教须知

身体健康、没有不良习惯的准妈妈,不妨每周吃1次海产品,1次动物肝脏,1~2次牛肉及豆类,并丰富每天进食的果蔬种类,以此保障身体的营养需求,进而优化卵子的质量。

更多了解

经期小腹寒凉、手脚冰凉的准妈妈在备孕期适量饮用红糖生姜水,可以温暖子宫,补益卵子。

红糖生姜水

材料: 红糖30克,生姜20克。

做法: 生姜连皮洗净,剁成碎末,放入锅内,加入红糖和2杯水,大火煮沸5分钟,即可饮用。

用法: 从月经干净后的第二天开始服用。最好早上空腹服用。建议在身体调理好后再和准爸爸同房。

有益卵子的食物

黄豆、黑豆: 可补充雌激素,调节内分泌。可以在经期结束后连续吃6天黄豆、黑豆,每天吃20克左右。或者直接饮用黄豆浆、黑豆浆。

枸杞、红枣: 可以促进卵泡的发育。可以直接用枸杞、红枣来泡茶或者煮汤。每天的食用量是枸杞10粒,红枣3~5枚。

贴心提醒

受孕前的1个月，准妈妈应多吃一些富含蛋白质的食物，如瘦肉、鸡、鱼及蛋类，蔬菜和水果也应多吃，以保障身体的营养需求，进而优化卵子的质量。

优境胎教：做一次全面的孕前体检

胎教须知

孕前体检能帮助准爸爸和准妈妈在医生的指导下有计划地备孕，在孕前检查出有任何的不利于怀孕的疾病或不适，都能让准爸爸和准妈妈有机会、有时间选择对受孕和未来孕期没有伤害或伤害最小的治疗方案，尽可能生出优质的宝宝。

更多了解

建议准妈妈在孕前做一次体检，体检包括以下内容。

检查项目	检查方法	检查目的
询问病史	口头问答	在第一次孕前体检的时候，医生会常规性地对准爸爸和准妈妈的身体情况和家庭情况进行详细的询问，千万不要因为医生的这些问题涉及隐私，或者感到不好意思而拒绝回答，或提供虚假的答案。了解真实正确的情况是医生做出正确诊断的重要前提
脱畸全套	静脉抽血	检查风疹病毒、弓形虫、巨细胞病毒等。因为准妈妈怀孕后有60%~70%的概率感染上风疹病毒，一旦感染，特别是怀孕头3个月，会引起流产和胎儿畸形
肝功能+乙肝	静脉抽血	如果准妈妈是乙型肝炎患者，怀孕后可能会出现胎儿早产等情况，乙型肝炎病毒还可直接传播给胎宝宝，所以要提前检查
肾功能	静脉抽血	检查准妈妈的肾功能，有助于肾脏疾病的早期诊断
口腔	看牙医	怀孕后，准妈妈免疫力降低，牙菌斑菌落生态改变，从而促使牙周组织对细菌感染的局部刺激反应加重，可能会出现牙龈炎等口腔疾病。在怀孕前准妈妈应进行口腔检查，去除牙菌斑，消除牙龈炎，避免孕期口腔疾病治疗药物对胎宝宝的影响
内分泌	静脉抽血	诊断月经不调等疾病，为受孕和孕期做好健康准备
ABO溶血	静脉抽血	准妈妈血型为O型，准爸爸血型为A型、B型，或者有不明原因的流产史的夫妻，应该做相关检查，以避免胎宝宝发生新生儿溶血病
染色体	静脉抽血	检查遗传性疾病，特别是有遗传病家族史的夫妻必须做这项检查，避免将遗传性疾病遗传给下一代
生殖系统	外阴部直观检查、取阴道内白带检查、妇科B超	主要通过白带常规筛查滴虫、霉菌、支原体、衣原体感染引起的阴道炎症，以及淋病、梅毒等性传播疾病。如发现患有性传播疾病，最好先彻底治疗，然后再怀孕

准爸爸的健康同样决定着胎宝宝的健康，所以准爸爸最好也能在孕前6个月陪同准妈妈一起做一次体检。不过，跟准妈妈的孕前体检不一样的是，准爸爸孕前体检的重点是精液检查。通过精液检查得知准爸爸精子的数量、活动能力、形态、存活率等，以判断生育能力的强弱，同时，可辅助诊断男性生殖系统疾病。

贴心提醒

在采集精液的前3~7天应暂停性生活。另外，由于男性精液检查结果的波动范围较大，加上实验室设备等方面的差异，所以一般精液检查至少要进行3次，每隔1~2周进行一次。

优境胎教：从备孕开始谨慎用药

胎教须知

在月经周期的卵泡期，卵子最易受药物的影响，如一些激素类药物、某些抗生素、止吐药、安眠药、治疗精神病的药物等，都会对其产生不同程度的不利影响。

更多了解

下述药物可能有致畸作用，所以在备孕期以及孕期头3个月中应禁用或遵照医生嘱咐使用。

❶ 抗肿瘤药，如氨甲蝶呤易引起流产和无脑、脑积水、腭裂等畸形，与其他种类抗肿瘤药合用危险性更大。还有白消安（马利兰）、苯丁酸氮芥、6-巯基嘌呤等，都可引起胎宝宝畸形。

❷ 抗糖尿病药，甲苯磺丁脲和氯磺丙脲可能引起死胎、新生儿死亡、多发性畸形和唇裂。

❸ 抗疟药，如乙胺嘧啶和氯喹，可致胎宝宝耳聋、脑积水和四肢缺陷；长期大量使用奎宁可造成死胎、先天性耳聋等。

❹ 抗惊厥药、镇静药，如苯妥英钠、苯巴比妥都能引起胎宝宝唇裂和腭裂；氯丙嗪可引起视网膜病变；氟哌啶醇可引起四肢畸形；安定也可致畸胎。

❺ 抗抑郁药，如丙咪嗪，可引起胎宝宝骨骼畸形和唇裂等。

❻ 抗凝血药，如双香豆素和华法林，致胎宝宝出血、死亡或鼻骨发育不全。

❼ 西地碘含片（华素片），准妈妈如服用华素片，则可能导致胎宝宝体内碘聚集，甲状腺激素分泌因此受到抑制，使胎宝宝先天性甲状腺发育不良，甲状腺功能下降。

贴心提醒

准爸爸用药也不能掉以轻心，在正常情况下，睾丸组织与流经睾丸的血液之间有一个防护层，医学上称为血睾屏障，可阻止血液中某些物质进入睾丸，但是很多药物能通过血睾屏障，影响精子、卵子健康结合，甚至造成精子染色体异常和畸形。

优境胎教：小心把怀孕当感冒处理

胎教须知

孕早期准妈妈常常会出现这样的症状：周身发热，浑身倦怠乏力；或周身发冷，睡意绵绵，清晨起来有些睡不醒的感觉；觉得头晕、恶心。症状与感冒很相似。

更多了解

提醒计划怀孕的准妈妈，一定要及早捕捉怀孕的信息，早期胚胎比较脆弱，烟、酒、药物、疾病等都可能影响胎宝宝的发育。出现与感冒相似的症状时，要先排除怀孕的情况，然后再用药也不迟。

误以为怀孕是感冒而服了药的准妈妈常常忧心忡忡，不知道是否还应继续妊娠，其实医学研究证明，在怀孕前4周服药或者打针，如果有影响，胎宝宝会发生自然流产，如果没有自然流产，多半是没有影响的。准妈妈如果还是不放心，可以记下药品的名称、用药的剂量，在去医院体检的时候咨询医生再做决定。

其实，受孕早期，各种征兆都会提醒准妈妈：一个小生命已经悄然而至了。一起来看一下都有哪些怀孕的征兆。

❶ 月经停止。这是最常注意到的怀孕征兆，只要是一般正值生育年龄的女性，月经正常，在有性行为后月经推迟两周，就有可能是怀孕了。

❷ 容易疲倦。孕早期准妈妈容易疲倦，常常会想睡觉。

❸ 有恶心、反胃的感觉。很多孕早期的准妈妈都会有恶心、反胃的感觉，尤其是在清晨的时候。不过这些症状因人而异，有些人的症状相当轻微，有的则比较严重。

❹ 乳房有刺痛、膨胀和瘙痒感，这是孕早期的生理现象。

❺ 尿频。怀孕3个月时，准妈妈因为膀胱受到日益扩大的子宫的压迫，使得膀胱的容量变小，常会有尿频的现象发生。

贴心提醒

为了以防万一，准妈妈需要特别注意一些健康习惯和细节，不抽烟，远离酒精，少喝含咖啡因的饮料（尤其是咖啡和可乐），远离有害射线。这些健康习惯和细节，不管是否怀孕，准妈妈都不妨多加注意。

优境胎教：怎样让卵子更优质

胎教须知

胎宝宝的到来，是优质卵子与优质精子的结合。作为准妈妈，应该学会在日常生活中对自己的卵子进行保护，让它们成为健康的卵子。

更多了解

健康、规律的生活习惯有助于提高身体素质，身体素质好了，生殖系统自然健康。准妈妈要从几个方面去努力。

运动

适当的运动可助准妈妈提高身体素质，确保卵子质量。对于任何一个计划怀孕的女士而言，都应该进行一段时期有规律的运动后再怀孕。例如，在计划怀孕前的3个月，进行适宜与规律的运动，以提高身体素质，为怀孕打下坚实的基础。

饮食

❶ 受孕前的1个月，准妈妈应多吃一些富含蛋白质的食物，如瘦肉、鸡、鱼及蛋类，蔬菜和水果也应多吃，以增强体质。身体棒了，卵子自然也会更优质。

❷ 来月经时多补铁。月经期间，经血会带走身体中大量的铁元素，而高铁食物能为卵子提供充足养分；因此，月经期间多吃菠菜、动物内脏等高铁食品，才能让卵子更健康。

❸ 戒烟限酒。烟酒的毒性可以直接作用于卵子，为孕育后代埋下"地雷"。尤其是抽烟，更会伤害身体的整个内分泌系统，影响卵巢的功能。

❹ 不要滥用保健品。盲目服用保健品，会使受孕的可能性下降。一些保健品含有大量的雌激素，短期服用可能会感到精神愉悦、精力旺盛；但是如果长期服用，可能会导致内分泌紊乱，影响受孕。

环境

有害的生活和工作环境，对受孕有一定影响。如果在生活和工作中频繁接触有毒化学物品、X线等化学污染物、物理辐射源以及食用受有毒物质污染的饮食，人的生殖功能就会受到一定的损害。因此，在准备怀孕前半年，应远离有害的环境。

情绪

如果准妈妈背负压力，精神始终处于紧张、焦虑的状态，大脑皮质就无法使激素正常分泌，就会抑制卵巢的正常排卵功能。

贴心提醒

平时避孕方法的选择要注意，不要吃太多的紧急避孕药，这样对内分泌系统会有很大的影响。此外，经期不要过性生活，经期性生活很容易会造成细菌感染，引起炎症。

优境胎教：怎样让精子更有活力

胎教须知

精子的产生是男性发育成熟的标志，成年期男性拥有持续产生精子的能力，精子含有繁衍后代不可缺少的遗传物质，而培育最优的精子则是准爸爸的优生任务。

更多了解

准爸爸要想拥有优质的精子，也要从运动、饮食、情绪、生活习惯等方面去努力。

运动

❶ 准爸爸每天做30~45分钟有氧运动，可以增强精子活力。

❷ 少骑自行车。长期、高强度骑自行车会使尿道、阴囊受到压迫，容易引起前列腺炎、精囊炎等，从而影响男性生育能力。建议骑自行车时要穿有护垫的短裤，并选择减

震功能良好的自行车。

❸不做剧烈运动。剧烈运动会破坏精子成长所需的凉爽环境。

饮食

❶少量或者不要饮酒。大量饮酒可导致精子质量下降，从同房的前1个星期开始最好就不要再饮酒了。

❷多吃绿色蔬菜。绿色蔬菜中含有维生素C、维生素E、锌、硒等有利于精子成长的成分。

❸坚果、鱼类中富含不饱和脂肪酸，也利于精子成长，可适当多吃。

❹注意少喝含咖啡因的饮料，如可乐、咖啡等，少吃巧克力，以免影响精子的质量。

❺适当补充叶酸，叶酸不足会降低精液的浓度，减弱精子的活力，或造成精子中染色体分离异常，加大胎宝宝出现染色体缺陷的概率。

情绪

准爸爸在精神压力大的时候，应主动做些能让自己放松的事情，如散步、洗澡等，然后再享受性生活，因为精神压力过大也对精子的成长有负面影响。

生活习惯

❶少去或不去桑拿房、蒸汽浴室。精子是十分娇嫩的，它存活的温度比体温低，高温蒸汽浴会直接伤害精子。

❷少穿不透气的、紧身的裤子，否则不仅压迫睾丸，还会导致睾丸高温，影响生精功能。

❸手机和笔记本放在远离下体的地方。减少和避免辐射对睾丸的不利影响，提升精子质量。

贴心提醒

身体过度肥胖，会导致腹股沟处的温度升高，损害精子的健康，从而导致不育，因此，身体肥胖的准爸爸要注意控制体重。

优境胎教：给胎宝宝创造良好的内外环境

胎教须知

胎宝宝需要从母体接收自己需要的东西，比如生长必需品（营养、氧气等），还借助准妈妈的身体保护自己不受伤害，同时也接收一些"精神品"，如通过感受准妈妈的情绪来愉悦自己，同时也促进自己发育得更健康。

更多了解

准妈妈除了在孕前和孕期要保持良好的情绪、坚持调理身体外，许多工作环境中所接触的物质对生殖细胞和胎宝宝都有损伤、毒害的作用，在准备怀孕前，应尽早远离。

避免不良外环境

电离辐射环境：孕期接触电离辐射，有可能会造成胎宝宝小头畸形、四肢不全、唐氏综合征或无脑儿的悲剧。接触电离辐射的工作主要有：生产、使用、运输、贮存和废弃处理放射性同位素、射线装置等。计划怀孕的女性应该在孕前申请调离或者暂停以上工作。

生产有毒化学物的工厂：经常接触铅、镉、汞等重金属，会增加准妈妈流产和死胎的危险，其中汞可导致胎宝宝中枢神经系统的先天性疾病。怀孕后接触二硫化碳、二甲苯、苯、汽油等有机物的准妈妈，流产发生率会明显升高。

温度过高、振动过强、噪声过大的环境：工作环境温度过高、振动过强、噪声过大，都可能会对胎宝宝的生长发育造成不良影响，因此在这种环境下工作的准妈妈应暂时调离岗位。

医院的传染病区：传染病流行期间，身为医务人员的准妈妈容易因密切接触患者而被感染。风疹病毒、流感病毒、麻疹病毒、水痘-带状疱疹病毒对胎宝宝的发育影响较大，所以，准妈妈在孕早期的3个月内，如果正值疾病流行，而又不能暂停工作，需要格外地加强防护。

新装修的房子：新装修的房子至少要通风6个月，待甲醛等有害物质检查结果达标后，准妈妈才能入住。

贴心提醒

准妈妈可以在家里创造一个舒适的环境，室内颜色要柔和，保持整洁，最好摆设有花卉、盆景，墙上挂上活泼可爱的宝宝照片等。要相信，付出心血会让一个人获得成就感和价值感，这种感觉是幸福的基础。

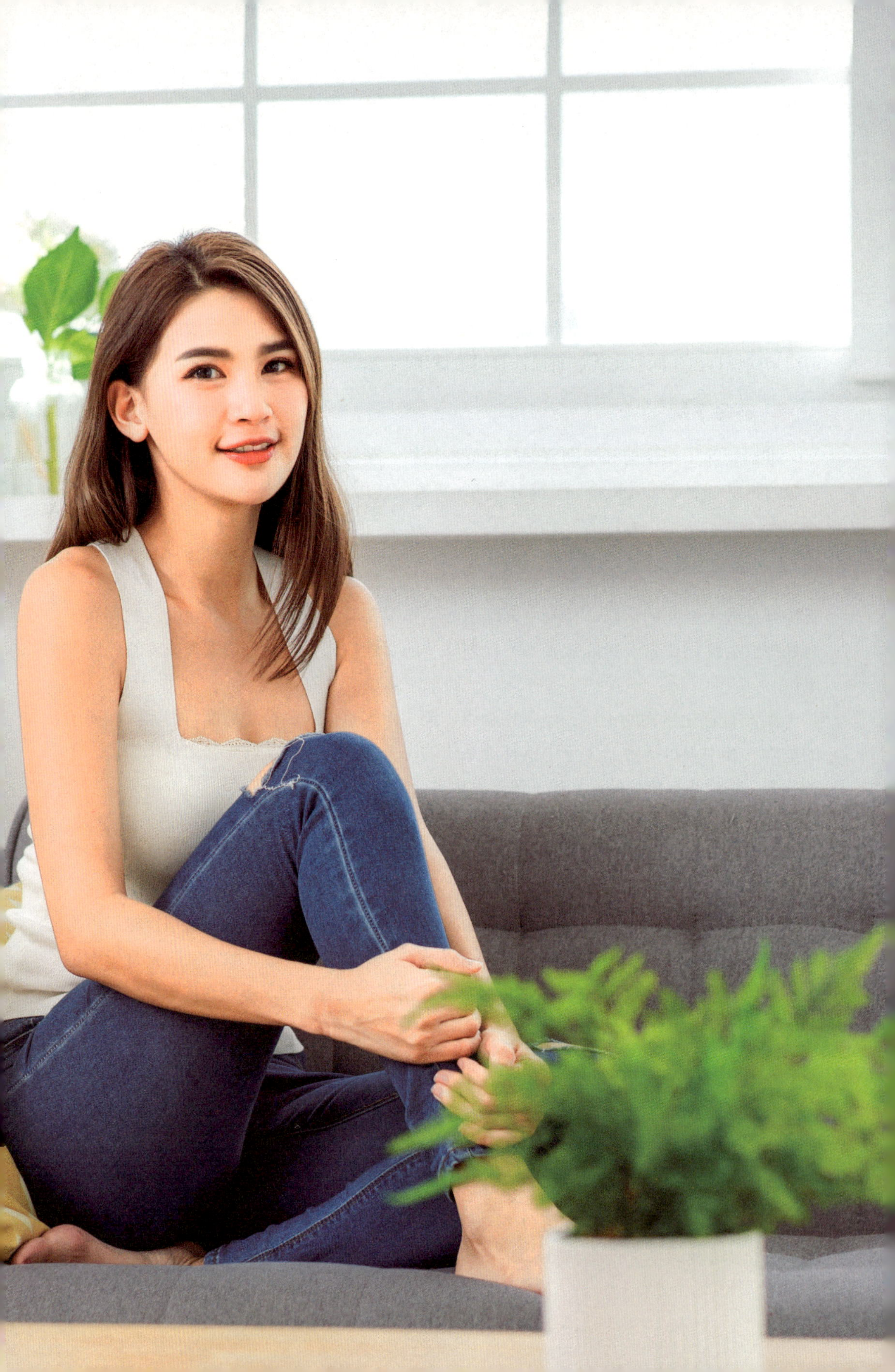

孕1月

胎宝宝新变化

精子与卵子结合并着床

胎教须知

胎宝宝的身体，是从进入孕期的第3周开始发育的。精子与卵子相遇，将各有的23条染色体合并为46条，这标志着受精完成。

更多了解

排卵后，卵子会进入输卵管壶腹部等待精子。精子被射入阴道后，就会借助尾部的摆动向输卵管方向游动。经过大约3天，上亿个精子中只有300～500个到达了输卵管壶腹部，精子们遇到卵子后，会将头部朝向卵子将其包围，当1个精子穿过卵子外面的透明带进入细胞内部后，卵子透明带及胞膜会形成一层保护屏障，阻止其他精子进入。进入卵子的精子头部很快水化、膨胀，成为圆形的精原核，同时卵子的细胞核也变为卵原核。卵原核和精原核开始互相融合，形成受精卵。

受精卵承载着准妈妈和准爸爸的遗传密码，一边迅速分裂繁殖，一边向子宫腔移动，在准妈妈的腹部，一个实实在在的生命已经开始它神奇的旅程了。

受精卵发育第1周： 受精卵先用3～4天的时间，让自己运动到子宫腔，在移动的过程中，它本身也在发生着巨大的变化，由一个细胞分裂成多个细胞，并成为一个总体积不变的实心细胞团，称为桑葚胚。

受精卵发育第2周： 准妈妈的子宫正在为胎宝宝的到来悄然发生改变，大小没有什么变化，还是像鸡蛋般大小，但子宫内膜受到卵巢分泌的激素影响，变得肥厚松软而且富有营养，血管轻度扩张，水分充足，这一切都是为了让受精卵"安心"住下来，同时向身体发出不需要再排卵的信号。

着床： 由桑葚胚发育而来的胚泡外周的透明带消失后，胚泡便与子宫内膜接触并埋于子宫内膜里，称为着床。该过程一般在受精后第6～7天开始，在第11～12天完成。这个过程可能令准妈妈有些微的痛感，但有的准妈妈可能并不会察觉。

生命体征： 从第4周起，胎宝宝就开始有生命体征了，胚胎一部分分裂形成神经组织，还有原始的心脏和血管。

当然，这一时期胎宝宝的个头还很微小。如果准妈妈去照B超的话，虽然可以看到胎宝宝，但不会很清楚，再过几周，到第3个月末就能看清楚了。

贴心提醒

最先进入卵子的精子，无疑是最优秀的那个精子，生命的最初就是一场优胜劣汰的战斗。男宝宝还是女宝宝此时就已经定性了，由精子携带的性染色体决定。如果与卵子结合的是含X染色体的精子，这一受精卵就会发育成女宝宝；反之则为男宝宝。

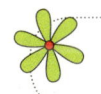

胎教新知

孕期从末次月经第一天开始

胎教须知

一般医学上将末次月经的第一天算作孕期的第一天；每4周计为1个月（28天）。准妈妈计算孕周也要按这个方法来。

更多了解

从一个卵子遇到精子直到胎宝宝被娩出，这个过程实际上是266天左右，但整个孕期一般按40周或280天来计算，这里所说的280天孕期，不是从成功受孕的那天开始算起，而是从末次月经第一天开始算起。有的女性可能说不清受精具体发生在哪一天，却能记得每个月"好朋友"（指月经）来临是哪一天。

准妈妈在备孕期要记住每次月经的时间，需要在日历或者专门的笔记本上记住这个日子，因为在以后的体检中，医生可能会经常问及这个问题。在接下来的一段时间，不管有没有成功怀孕，准妈妈都不要擅自用药，以免影响精子、卵子质量以及胎宝宝的健康。如果发生感冒、发热等病症，应告知医生怀孕计划后，遵医嘱治疗。

贴心提醒

胎教从准备怀孕那一刻就可以开始，但这并非意味着已经怀孕或者孕期过半再做胎教就没有意义。胎教对任何一个阶段的胎宝宝来说，都是意义重大的。

外界环境通过母体影响胎宝宝

胎教须知

在胎宝宝促使母体改变的同时，母体也在积极地向胎宝宝传递着外界信息，几乎所有外界对准妈妈产生的影响最终都会或多或少地影响到胎宝宝。

更多了解

当准妈妈感到不安，出现负面情绪，情绪大起大落时，血液中的化学成分会发生改变，这些变化会通过胎盘影响到胎宝宝的发育。如果准妈妈有吸烟、酗酒、暴饮暴食等不良习惯，会恶化胎宝宝的生长环境，使胎宝宝产生恐惧心理。在有胎动后，这些刺激反应会引起胎动异常等外在表现。

整个孕期，胎宝宝对噪声都是不欢迎的，在他还不能听到声音时，就可能因为妈妈对噪声产生的不悦心理而受到影响。在4个月后，他能听见外界的一些声音，如果外界有汽车鸣笛声、火车呼啸声、装修钻孔声等声音时，他就会躁动不安。准妈妈除了尽力保持良好的心境，还要注意避开噪声环境。

贴心提醒

怀孕会使激素分泌不协调，从而改变准妈妈的情绪。尤其是在患得患失的孕早期，准妈妈一天之中的情绪很可能像过山车一样大起大落好几次。要想改变这种不受控的状况，准妈妈就得学会控制情绪。

受过良好胎教的宝宝有什么不一样

胎教须知

胎教让胎宝宝的神经系统及各种感觉功能、运动功能发育得更健全，为出生后接受各种刺激、训练打好基础，使孩子对未来的自然与社会环境具有更强的适应能力。

更多了解

科学的胎教需要准爸爸和准妈妈对胎教有正确的认识，学习相应的知识、技能，用科学的方法进行胎教。应按自然的发展规律，按胎宝宝的月龄及发育水平进行相应的胎教。做到不放弃施教的时机，也不过度人为干预。在自然和谐中有计划地进行胎教，这样才可能获得最好的效果。

受过良好胎教的宝宝在出生后会具备以下特点。

❶ 受过良好胎教的宝宝不爱哭。虽然宝宝在饥饿、尿湿和身体不适时也会啼哭,但得到满足之后啼哭便会停止。

❷ 受过良好胎教的宝宝能较早与人交往。宝宝出生2~3天就会用小嘴张合与大人"对话",20天左右就能被逗笑,2个多月就能认识父母,3个多月就能听懂自己的名字。

❸ 受过良好胎教的宝宝能够较早地学会发音。2个月时会发几个元音,4个月会发几个辅音,5~6个月时发出的声音就能表达一定的意思了。

❹ 受过良好胎教的宝宝能较早地理解事物。4~5个月时能认出第一件东西,6~7个月时能辨认手、嘴、奶瓶等,并且能较早理解"不"的意思,这样的宝宝更懂事、更听话。

❺ 受过良好胎教的宝宝能够较早地学会说话。宝宝在9~10个月时就会有目的地叫"爸爸""妈妈"了,在20个月左右便能背诵整首儿歌。

贴心提醒

宝宝出生后要继续给予发音和认物训练,巩固胎教效果,否则,胎教的影响在6~7个月时就会消失。准妈妈在做好孕期胎教的同时,还要做好宝宝出生后早教与胎教的衔接工作。

利用音乐的神奇作用

胎教须知

美妙的音乐能唤起准妈妈美好的情感和艺术想象力,同时能使她气血畅通、生理机能活跃、心情愉快,这对准妈妈的生理、心理都极有好处,胎宝宝也会产生共鸣,感到身心愉悦,从中受益。

更多了解

做音乐胎教可以用以下各种方法。

❶ 哼歌谐振法。准妈妈每天哼唱几首歌,最好是抒情音乐,也可以是摇篮曲。唱时应心情愉快,富于感情,通过歌声的和谐振动,使自己和胎宝宝能获得感情、感觉上的满足。

❷ 音乐熏陶法。准妈妈在每天多次的音乐欣赏中,会产生许多美好的联想,进入美妙无比的境界,而这种感受可通过准妈妈的神经系统和体液"传导"给胎宝宝。

❸ 母教子"唱"法。胎宝宝虽有听觉,但毕竟不能唱,准妈妈可以想象自己腹中的

胎宝宝会唱。准妈妈可以从音符开始，然后教一些简单的乐谱，通过反复教唱使胎宝宝产生记忆印迹。

❹ 器物灌输法。将耳机放在准妈妈腹部，播放舒缓的乐曲，也能收到良好的效果。

做音乐胎教时，要注意以下几点，才能使效果倍增。

❶ 要有感情地听。音乐蕴含情感，通过准妈妈的音乐体验，胎宝宝可以在情绪上与准妈妈达到和谐与平衡。

❷ 不要听高频音。一般，音频应在2 000赫兹以下，音量不要超过85分贝，多听一些优美舒缓的音乐，不要听节奏太快的音乐，比如摇滚乐。

❸ 控制听音乐的时间。长时间听音乐容易导致胎宝宝听觉神经和大脑疲劳，准妈妈可以每天多听几次，每次时间不超过20分钟。

贴心提醒

准妈妈在聆听音乐时要加入自己的情感：在脑海里形成各种生动感人的具体形象，在想象中同胎宝宝进行情感交流。

胎教正当时

优境胎教：在最佳年龄生育

胎教须知

女性最佳怀孕年龄为24～29岁，最迟不宜超过35岁。超过35岁生产者属于高龄产妇。男性在27～35周岁精子质量达到高峰。

更多了解

当然大部分女性是想在年轻时怀孕，顺顺利利生个健康又聪明的宝宝。但是，现如今晚婚晚育似乎已是不可避免的趋势，学业、工作和经济上的压力让许多年轻夫妻不敢轻易生育，于是一拖再拖就错过了最佳生育年龄。

已经错过最佳怀孕年龄也不必忧心忡忡，在医学科技发达的今天，只要准妈妈怀孕后在医生的指导下进行系统的产检及产程跟踪，许多因高龄而产生的孕期困难都会被克服。相信准妈妈只要用心，就一定能跨过35岁这道生育坎。

准爸爸的生育年龄也不可忽视，27～35岁时不仅精子质量最高，而且处于这个年龄段的男性智力成熟，生活经验也较丰富，同时更懂得关爱妻子，有能力抚育好宝宝。男性在35岁以后，体内的雄激素便开始衰减。男性年龄过大，精子的基因突变率相应增高，精子的数量和质量都得不到保证，对胎宝宝的健康也会产生不利，所以，男性也要赶在35岁前要宝宝。

贴心提醒

夫妻年龄不能同时符合上述要求的时候，应以女方为主。如果夫妻双方都错过了最佳生育年龄，准爸爸和准妈妈可以在孕期准备、孕期生活细节和孕期检查上做足功夫，以确保生育出健康、聪明的宝宝。

优境胎教：选个最佳月份受孕

胎教须知

7月上旬到9月上旬是一年中受孕最为适宜的时间，有条件的准爸爸和准妈妈可以将受孕时间安排在这个时间段。

更多了解

如果在7～9月受孕，那么早孕反应出现时正值秋季，避开了盛夏对食欲的影响，而且夏末秋初水果、蔬菜品种丰富、新鲜可口。准妈妈早孕反应基本消失后，食欲增加，可以有计划地补充营养，调理饮食，为母子提供充足的营养。

同时，7～9月受孕，还可以让准妈妈在最为敏感娇弱的孕早期避开寒冷和污染较严重的冬季，等来年的初春风疹、流感等传染病流行时，已达孕中期，胎宝宝已平安地度过了致畸敏感期。春暖花开时，胎宝宝已渐趋成熟，良好的气候条件和美丽的大自然，为胎教的实施提供了优良的外界环境。

7～9月受孕，宝宝出生的季节正好在风和日暖、气候适宜的春末夏初，对新宝宝的护理和新妈妈的身体恢复也十分有利。

贴心提醒

在精神愉快时受精，受精卵更易于着床，而且今后宝宝的智力也相对高，所以同房时要有好心情。

优境胎教：家庭《八互歌》

胎教须知

良好的家庭氛围可以让身处其中的准妈妈心情更愉快，情绪更稳定。准妈妈良好的情绪可维持体内激素水平的稳定，为胎宝宝创造一个良好的发育条件。

更多了解

准爸爸、准妈妈要共同努力，创造良好的家庭氛围，可以参考《八互歌》：

八互歌

家和睦，需有方。有八互，记心上。
一互敬，多协商。二互爱，情意长。
三互信，莫乱想。四互勉，共向上。
五互助，热心肠。六互让，不逞强。
七互谅，心坦荡。八互慰，暖心房。
合家欢，乐无疆。八互歌，切莫怠。
努力做，认真想。携手进，路宽广。

《八互歌》道出了怎样才能使夫妻和谐、家庭温馨，互敬互爱是共同创造温馨家庭的感情基础。

贴心提醒

家庭气氛好不好，其实最主要的还是看夫妻双方是否有诚心。夫妻双方都应抱着期待、乐意的心态，如果抱着敷衍的态度，做事情不情不愿，那双方都会心存失望，无益于良好家庭氛围的营造。

情绪胎教：别把怀孕当压力

胎教须知

从准备怀孕开始，准妈妈就开始有些压力，要注意调节。压力太大可能会导致不孕，顾虑太多也会让孕期过得比别人艰难。心态越放松，怀孕越轻松。

| 孕1月 |

更多了解

一些年轻的准妈妈害怕怀孕，怕怀孕后影响体形，怕难以忍受分娩时产生的疼痛，怕自己没有经验带不好孩子等。一些年龄较大的职场女性，由于对年龄的紧迫感，渴望生育一个孩子的心情太急切，加之工作压力大，来自内外的双重压力就会造成难以受孕。这样长期处于焦虑的心理状态，不仅会引起自主神经功能失调，还会干扰激素的正常分泌，进而影响女性的正常排卵，造成受孕困难。

其实，怀孕期间体形的变化在产后会得到恢复，甚至体质也会有所增强，分娩时只要密切配合医生，就能顺利诞下宝宝。

对于年龄较大的女性，更应积极克服负面情绪的影响，调整心情，保持轻松愉快、平静乐观，一旦负面情绪消失，只要身体健康，就会很快实现怀孕的目的。

还有的女性成功怀孕后，惊喜之余又会感到百般惶恐，所以，接受自己的体内将要孕育一个小生命的事实是孕前心理调适的主要内容。应调整认知，将怀孕纳入自己的生活计划，对怀孕过程中出现的各种生理现象有正确的认识，并为进入母亲的角色做好心理准备。

贴心提醒

面对一个新生命的到来，一个"家"会面临着诸多压力和改变。其实不用太紧张，生活就是这样充满惊喜与挑战。

情绪胎教：种一盆绿色植物，感受生命的美好

胎教须知

在孕期，准妈妈有很多有意义的事情可以做，这些事情不但能够陶冶自己的情操，还能将好的情绪传达给胎宝宝，对胎宝宝产生有利的影响。种植绿色植物就是一项有意义的事情。

更多了解

种植绿色植物不用特意准备材料，吃了水果，可以用水果种子做盆栽，家里的生菜根、白菜根、发芽的土豆等都可以用小容器装起来，放一些水，使它们慢慢长成一盆生机盎然的小绿植。

● 种荔枝

❶ 荔枝核充分洗净，用清水浸泡7天。

❷ 记得每天要换水。
❸ 待荔枝核发芽后，把它们移到花盆中，注意发芽的一端朝上。
❹ 几天后，一盆别致的绿植就长出来了。

● **发豆芽**

❶ 挑选一把成熟饱满的黄豆，用清水浸泡2~3天。
❷ 每天换水1~2次。
❸ 待黄豆芽发出后，把它们放到一个敞口的玻璃瓶中，注意不要再加水浸泡了，而是每天用喷壶将豆芽喷湿。
❹ 几天后，豆芽就会伸出瓶口。

● **贴心提醒**

看着种子慢慢发芽，感受生命的美好，对准妈妈来说，是对身体和精神的双重营养。说不定，胎宝宝会因此爱上园艺，将来成为了不起的园艺师呢。

✻ 情绪胎教：保持好心情

● **胎教须知**

准妈妈快乐多一点儿，胎宝宝的健康聪明就多一点儿，胎教最大的障碍就是准妈妈有杂乱、不安的心情。

● **更多了解**

受孕初期，随着激素分泌的变化，很多准妈妈的情绪变得阴晴不定，那么准妈妈怎么做才能让孕期一路好心情呢？

● **学会交流和倾诉**

不少准妈妈怀孕后，由于身体上的种种不适或者是对胎宝宝的担心，会出现压抑、烦闷的情况。为了有一个好心情，准妈妈可以自己寻找一些减压的方法，如多与人交流，也可以多参加准妈妈们的聚会，多交流交流孕期的感受。可以和有经验的准妈妈探讨自己担心的问题，很可能就会发现自己特别担心的事情其实再正常不过了。

如果准妈妈本身的性格属于内向、不稳定型的，准爸爸要时常观察准妈妈的思想状况。如果发现准妈妈思想状况不太好，要及时交流并开导她，让她心情好起来。如果准妈妈心情不好，冲家人发脾气，或者以平时不会出现的方式来发泄，这时家人尤其是准爸爸应该明白这是她的情绪不稳定所致，不是她故意与大家过不去。理解她，让她心情平和下来是准爸爸应该做的，这时准爸爸体贴的举动和坚定的信念是让准妈妈心情阴转晴的好办法。

练习呼吸法可以帮助调适情绪

选择一个安静的场所，沙发上、床上都可以。准妈妈要尽量使腰背舒展，全身放松，微闭双目，手可以放在身体两侧，如果没有不适感，也可以放在腹部。尽量不去想其他事情，要把注意力集中在吸气和呼气上。准备好以后，开始练习。

❶ 用鼻子慢慢地吸气，以5秒钟为标准，在心里一边数1、2、3、4、5，一边吸气。肺活量大的准妈妈，吸气和呼气的时间可以适当延长。

❷ 吸足气后，缓慢、平静地将气呼出来，以嘴或鼻子都可以。呼气的时间应是吸气时间的两倍。

就这样，反复呼吸1～3分钟，准妈妈就会感到心情平静、头脑清醒。准妈妈在每天早上起床时、中午休息前、晚上临睡时，可以各进行一次这样的呼吸法。这样，在怀孕期间动辄焦躁的精神状态可以得到很好的改善。

贴心提醒

怀孕对准妈妈来说有很多事情是不可控制和不可预见的，怀孕时遭遇坏心情也是常事，在孕期可坚持一些胎教行为，如读书、欣赏影片、听音乐、学画画等。这不但可以调理准妈妈的孕期情绪，充实准妈妈的孕期生活，还能在不知不觉中让腹中的胎宝宝受益。

情绪胎教：写怀孕日记记录美好生活

胎教须知

怀孕日记可以记录胎宝宝的成长变化、母子之间的互动内容，可以记录在人生特殊时刻准妈妈的感受，这满载爱的日记将是未来给宝宝最好的见面礼。

更多了解

一切美好，可以从写怀孕日记开始。

怀孕日记有美好的纪念意义，而且写下来的过程便是回忆与舒缓心情的过程，可以令准妈妈安静平和，宝宝将来看到妈妈用爱心写成的日记，也会很感动并且内心充满力量。

怀孕日记可以记录下准妈妈认为比较重要的事，如每日的胎教情况，听什么曲子，听多长时间，每天听了几次……

等到怀孕第4个月，准妈妈和胎宝宝的互动增多，怀孕日记也可以增加一些内容，如胎动开始日期、胎宝宝的反应等。

其他如准妈妈产前检查状况、孕期健康状况、孕期用药状况、生活状况，家庭和胎动自我监护情况等也都可以记录。

贴心提醒

写怀孕日记不必拘泥于形式，表格、图文日记、流水账等任何一种自己喜欢的形式都可以。不论是哪一种形式，不论是准妈妈写，准爸爸写，还是两人一起写，只要用心、用真情去写的怀孕日记都有血有肉，充满孕期生活特有的气息。

营养胎教：坚持补充叶酸

胎教须知

叶酸的主要作用是预防胎宝宝神经管缺陷。世界卫生组织推荐准妈妈从孕前3个月开始，到怀孕后的前3个月，每天坚持补充0.4毫克叶酸。进入孕中期、孕晚期之后，可以每天补充0.4～0.8毫克叶酸。

更多了解

❶ 如果准妈妈在孕前有过长期服用避孕药、抗惊厥药史，或是曾经生下过神经管缺陷的宝宝，则须在医生的指导下，适当调整每日的叶酸补充量。

❷ 除了叶酸片，还有不少专门针对准妈妈的营养素制剂以及孕妇奶粉等，也含有适量的叶酸。建议准妈妈认真查看营养素制剂、孕妇奶粉中的叶酸含量，以避免重复补充叶酸，导致叶酸摄入过量。

❸ 有些食物中也含有丰富的叶酸，如豆类、蔬菜（比如西蓝花、菠菜、芦笋等）、葵花子、花生和花生酱、柑橘类水果和果汁、豆奶和牛奶等，准妈妈适量摄入对身体有益。

❹ 叶酸片必须天天服用，最好不要漏服，如果漏服了也不用补服，因为叶酸在体内存留时间短，一天后体内水平就会降低，如果遗漏，补服无效。另外，每天的饮食中也会摄入叶酸，如果准妈妈只是偶尔一两次漏服是没有关系的。

❺ 对正在备孕的准爸爸来说，多摄入叶酸能降低染色体异常精子的比例，降低宝宝出现染色体缺陷的概率，还能使宝宝长大后患癌症的危险性降低。由于精子的形成周期长达3个月，所以想要优生优育，准爸爸也要提前补充叶酸。当然，准爸爸补充叶酸不必像准妈妈那样按计划服用叶酸片，只需要在日常饮食中注意多吃一些富含叶酸的食物即可。

贴心提醒

妇产科专家常常会建议准妈妈服用针对准妈妈设计的多元维生素制剂，这类制剂虽然价格相对较高，但更符合孕期准妈妈的身体需求。如果条件允许，建议准妈妈还是遵照医生嘱咐服用多元维生素制剂。

营养胎教：营养均衡，定时定量

胎教须知

营养是胎教的一个重要方面，准妈妈营养充足，不但能给胎宝宝提供一个良好的身体内环境，还能帮助胎宝宝器官发育得更充分。

更多了解

营养最讲究的就是平衡搭配，营养摄入不足，当然需要补充，但某些营养素摄入过量，会导致另一些营养素被排挤，而有些营养素即使摄入充足，没有另一些营养素的帮忙，人体也无法充分吸收利用，所以饮食需要均衡，营养才能最大化地被吸收。

偏食、挑食容易导致某种营养素的缺乏，所以从准备要宝宝开始，准爸爸和准妈妈就要特别注意一下，每天的饮食是否做到了营养全面，至少应包括供给大部分能量的主食、维生素和矿物质丰富的蔬果、含有优质蛋白质的豆类和奶类以及营养价值较高的鱼类、蛋类、肉类等，另外，应适当吃些坚果、菌类食物，总之营养尽量丰富。

一日三餐没有相对固定的时间，每餐的食量没有相对固定的标准，有时候忍饥挨饿，有时候暴饮暴食，这些对身体会造成很大的伤害，也无法为怀孕做到足够的营养储备，这些不良饮食习惯同样需要早些调整。

下面是建议的准妈妈在备孕期间以及孕早期每天的食物摄入量，准妈妈可以对照这个平衡膳食数据，如果自己平日的饮食结构就很合理，一定要继续保持，如果没有达到要求，应尽量调整。

类别	摄入量
油	25～30克
加碘食盐	<6克
奶类	300克
大豆/坚果	15克/10克
瘦畜禽肉类	40～65克
鱼虾类	40～65克
蛋类	50克
蔬菜类	300～500克
水果类	200～350克
谷类、薯类及杂豆	250～300克
水	1 500～1 700毫升

贴心提醒

好的饮食习惯可以遗传给胎宝宝，要想养育出一个不挑食不偏食的宝宝，最好的方式是准妈妈自身做出好榜样。

阅读胎教：《他会是什么模样》

胎教须知

平时阅读可以提升自我，孕期做阅读胎教既可以让准妈妈提升学识水平，还能让胎宝宝感受书卷的气息。阅读胎教是最能提高胎宝宝文化内涵、文化底蕴的胎教方式。

更多了解

下面，读一读加夫列拉·米斯特拉尔的《母亲的诗》中的一篇散文《他会是什么模样》。

> 他会是什么模样？我久久地凝视玫瑰的花瓣，欢愉地抚摸它们：我希望他的小脸蛋像花瓣一般娇艳。我在盘缠交错的黑莓丛中玩耍，因为我希望他的头发也长得这么乌黑卷曲。不过，假如他的皮肤像陶工喜欢的黏土那般黑红，假如他的头发像我的生活那般平直，我也不在乎。
>
> 我远眺山谷，雾气笼罩那里的时候，我把雾想象成女孩的侧影，一个十分可爱的女孩，因为她也可能是女孩。
>
> 但是最要紧的是，我希望他看人的眼神跟那个人一样甜美，声音跟那个人对我说话一样微微颤抖，因为我希望在他身上寄托我对那个吻我的人的爱情。

多么美好的文字啊！

虽然胎宝宝此刻还只是一个看不见摸不着的小种子，住在准妈妈的子宫里，但是，准妈妈肯定已经无数次地幻想过他的模样，他会是什么模样呢？

像爸爸，还是像妈妈？

贴心提醒

可以把自己想象中的胎宝宝的样子画出来。如果准妈妈觉得画起来麻烦或者还不能那么仔细地画出来，也可以找出自己和准爸爸的照片，用人像分析软件生成一张胎宝宝的照片，打印出来贴在家里哦。

音乐胎教：烦躁时听听这些音乐

胎教须知

人在烦躁时，音乐是一剂良药，柔和、静谧的音乐会赶走烦恼、舒缓神经、调节情绪，使准妈妈的大脑放轻松，容易进入平静的状态。

更多了解

不论是记录胎宝宝的情况，还是准妈妈的感觉，或是怀孕时的烦恼和不愉快的事，只要准妈妈在烦躁时就可以听音乐。

罗曼·罗兰对音乐的理解是这样的：音乐不是一种单纯的消遣，它或是对于心灵的一种理智上的裨益，或是镇定灵魂的一种抚慰。

胎教同步指导专家方案

莫扎特的钢琴曲、班得瑞音乐等都是适合舒缓情绪的音乐，它们的曲调可以让人放松心情，降低神经紧张度，准妈妈常常聆听，还有助于胎宝宝的右脑发育。

● 音乐推荐

① 《舞随光动》Dancing with the Neon Light
② 《深蓝梦》Dream in Dark Blue
③ 《心灵感悟》Sentiment of My Heart
④ 《细水长流》Running Water in the Long Rill
⑤ 《花絮轻撒》Rose Petal Floating
⑥ 《月影摇曳》Shadow Shaking in the Moonlight
⑦ 《逐梦》Catching Dreams
⑧ 《萦绕天使》Angel Flying Around
⑨ 《夜宴》Deep Night
⑩ 《希望之翼》Gold Wings
⑪ 《海王星》Neptune
⑫ 《钻石》Diamonds
⑬ 《清晨》New Morning
⑭ 《满天星》Starry Sky
⑮ 《爱的旋律》Melody of Love
⑯ 《初雪》The First Snowflakes
⑰ 《日落》Sunset Glow
⑱ 《款款柔情》Tenderness
⑲ 《紫蝴蝶》The Purple Butterfly

贴心提醒

失眠烦躁时也可试试食疗，平日里可常吃些百合、香蕉、红枣等，或者睡前喝热牛奶、莲子粥等都有助于改善睡眠质量、安心养神。

音乐胎教：名曲《欢乐颂》

胎教须知

众所周知的《欢乐颂》，是贝多芬《第九交响曲》的终曲乐章。《欢乐颂》整体感情积极向上，欢乐又优美，很适合孕期做胎教曲目。

更多了解

《欢乐颂》是贝多芬于1819—1824年创作的，也是他全部音乐创作生涯的最高峰和总结。这首乐曲的主旋律进场是由大提琴和低音提琴演奏的，浑厚、低沉的声音在寂静中响起，给人一种深沉、平静的感觉；旋律演奏了一遍之后，中提琴进场重复旋律，旋律行进到中音部，主题曲稍亮的音色给旋律带来一种明快的感觉，低音部则退到后面和木管一起伴奏；中提琴演奏完旋律之后也退到伴奏，接着小提琴加入，小提琴如歌般的声音欢唱着，让旋律真的活起来了；小提琴声部简单重复了旋律后，旋律行进到乐队齐奏，这时铜管、木管吹奏主旋律，其他各声部伴奏，场面宏大，由前面的平静、深沉的快乐进入到了万众欢腾的场面，欢乐的主旋律贯穿始终。欢乐便是这部伟大的曲子所要歌颂的主题，简单却又优美的旋律将它表现得淋漓尽致。

因为这部作品，贝多芬成了名垂千古的人物，《欢乐颂》成为人类历史长河中永远不灭的自由、和平之明灯。

贝多芬用他特有的纯洁的心灵，谱出了一曲响彻心扉、感人至深的乐曲。只要细细品味，似曾相识的旋律就会奏起，心灵深处的圣洁感就会升腾起来。

欢乐永远是生活里明亮的阳光，它的光芒照亮了周围的一切，给周围的气氛增添了温暖和奇妙的幻景。怀着母性的温柔和爱意对待生命中的人和事吧，用笑容面对生活，相信腹中的胎宝宝也能体会到准妈妈的爱。

贴心提醒

在这个阶段，准妈妈的情绪正处于低潮期，所以应该听一些欢快、柔和的乐曲，这样可以平复焦躁不安的情绪。

艺术胎教：电影《初试啼声》

胎教须知

《初试啼声》直译为"第一声啼哭"。胎儿自母体中产出，第一声啼哭的到来，便是向全世界宣告：我来啦！类似的生命颂歌式的电影是孕期胎教的好选择。

更多了解

影片基本信息

片名： 初试啼声（*Le Premier Cri*）
导演： 吉勒斯·戴·迈斯特
编剧： 玛丽·克莱尔·贾沃伊 / 古勒斯·戴·迈斯特
类型： 纪录片

电影简介

一个新生命的诞生，充满了奇迹。人们迎接一个小生命的第一次啼声的方式也是各有不同。因此，导演吉勒斯·戴·迈斯特独具慧眼，采用了纪录片的形式，带我们走近不同国家、不同生活状态下的女人们，看一看她们的生育故事。

除了我们惯常的在医院生产之外，在非洲的部落里，一位妈妈可能在野外抓着木棍生产。还有在家生产的、在海里生产的、在游泳池生产的，也有在浴缸里生产的。

这些生产方式好多闻所未闻，也许听起来有些心惊，但事实上，拍摄者们怀着对生命和孕育生命的母亲的敬畏之心，把每个新生命的到来都表现得充满神圣感。相信准妈妈在观看时会有自己内心一份独特的感受。

《初试啼声》这部电影告诉我们，无论是否处于发达社会，还是处于相对现代文明而言较为原始的社会，我们都应该对生命产生尊重和爱。

贴心提醒

看到本片的准妈妈不要过于担心自己的生产，现在医疗条件发达，在专业医生的指导和帮助下，在宝宝降生时可以减轻准妈妈不少痛苦。

准爸爸胎教：营造良好的家庭氛围

胎教须知

在准妈妈的整个孕期中，大多数的时间都是在家中度过的，家庭氛围和谐与否对胎宝宝的生长发育影响很大。在和睦相处的氛围中准妈妈得到的是温馨的心理感受，胎宝宝也能在如此良好的环境中获得最佳熏陶，从而促进身心的健康发育。

更多了解

营造良好的家庭氛围除了需要准妈妈调节情绪外，还需要准爸爸积极热忱地为准妈妈及腹内的胎宝宝做好服务。

❶ 准爸爸应体贴照顾准妈妈，主动承担家务，常陪伴准妈妈，避免吵闹。

❷ 准爸爸要做到不过量饮酒，不抽烟或不在准妈妈面前抽烟，节制性生活。

❸ 准爸爸还应多看一些幽默书籍，以活跃家庭气氛，增进夫妻情趣，也使准妈妈心身愉快。

❹ 多听听准妈妈的意见和想法，帮助准妈妈实现心中所想。

❺ 如果与准爸爸的父母同住，准爸爸还要注意调节婆媳关系，避免婆媳矛盾影响家庭关系和准妈妈的情绪。

❻时常布置一下家庭环境，如添置一些有趣的小玩意等，可能给孕期的准妈妈带来意想不到的惊喜。

贴心提醒

孕期除了准爸爸要多理解准妈妈，准妈妈也要站在准爸爸的角度替准爸爸着想，不要觉得自己怀孕了，准爸爸理所当然需要做这样那样的事情。只要准爸爸在努力了，即使做得还不够好，也要真诚地感谢他。

孕2月

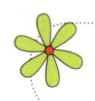

胎宝宝新变化

从大写的"C"变成一个精致的迷你胎宝宝

胎教须知

孕2月，胎宝宝继续迅速生长，从刚开始身体蜷缩成一个"C"字模样，到满2个月的时候就会长成一个精致的迷你胎宝宝，眼睛、鼻孔、口腔都有了基本的形状，手指、脚趾、胳膊、手腕都越来越像个小人的样子了，只是还拖着一条小尾巴。

更多了解

心脏在跳动：胎宝宝的心跳这时候已经可以达到150次/分，相当于大人心跳的两倍，不过准妈妈还听不到胎宝宝的心跳声。目前，胎宝宝还只有一个心室，不过将要开始划分心室，并进行有规律的跳动及开始供血。

形成最初的神经通路：胎宝宝发育非常迅速，每天身长（从头顶到臀部）可以增加1毫米，这个生长速度将持续到第20周左右。这个月里，胎宝宝的身长将发育为14～20毫米。别看他小，胎宝宝的大脑和心脏已经发育得非常复杂，脑干已经可以辨认，大脑中的神经元也开始扩展并相互连接，构成最初的神经通路。身体内脏的大部分器官也在持续的发育中，呼吸管从喉部延伸到正在发育的肺部的分支，内耳也正在形成。准爸妈说话注意不要太大声，以免吓着他哦。

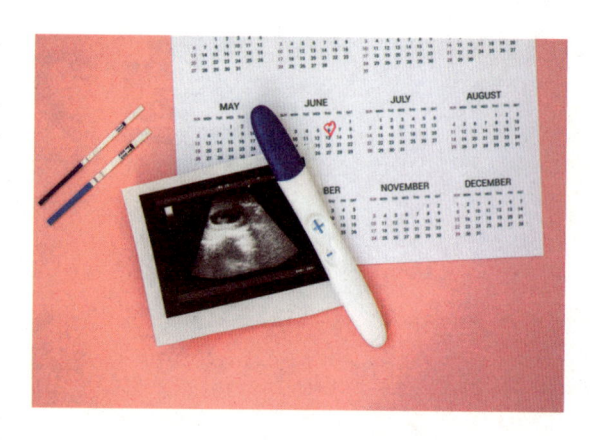

大脑迅速发育：胎宝宝的头有些不成比例的大，头内部的两个大脑半球正在发育，平均每分钟就有1万个神经细胞产生，现在的神经系统轮廓已接近完成，大脑皮质也已经清晰可见。

贴心提醒

有些准妈妈因为孕吐，总是忧心忡忡，担心胎宝宝会缺乏营养，其实这样的担心是多余的，胎宝宝在孕早期并不需要太多的营养，准妈妈的好心情是此期最为重要的。

孕2月

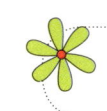

胎教新知

激素如何影响准妈妈的情绪

胎教须知

怀孕期间，准妈妈体内的激素水平显著变化，使准妈妈比以往更容易感觉焦虑，这样的情绪波动可能是无法避免的。

更多了解

俗话说"一孕傻三年"，怀孕的过程中有许多事是不受意识控制的，而是生命的本能，是激素变化引起的反应。

正常怀孕有赖于垂体、卵巢和下丘脑分泌的各种激素相互配合，在受精与受精卵着床之前，在腺垂体促性腺激素的控制下，卵巢分泌大量的孕激素与雌激素，导致子宫内膜发生分泌期的变化，以适应怀孕的需要。

激素水平变化是身体的需要，并非坏事，但准妈妈可以尝试用更多方式去充实自己，转移情绪的着力点。

❶ 向准爸爸说出自己现在的感受，即便是消极的，但说出来后真的会好很多。
❷ 试着做些一直憧憬着要做的事情，比如美化卧室和客厅、去瑜伽班上一堂课等。
❸ 和亲友散步、看电影。

贴心提醒

情绪问题重在自我调节，学会通过倾诉、沟通等多种方式将不好的情绪发泄出去，就能让胎宝宝每天都能感受到准妈妈的好心情哦。

孕吐是胎宝宝的自我保护

胎教须知

怀孕初期，准妈妈身体会分泌大量激素，增强了孕期嗅觉和呕吐中枢的敏感性，这时就易发生孕吐。

更多了解

孕吐的滋味不好受，准妈妈可能还会因此感到害怕、担忧。其实，准妈妈遭遇孕吐并不是一件坏事，这是胎宝宝在生命萌芽初期表达他自己已经存在的一种手段，所以孕吐也是胎宝宝在向准妈妈宣告自己的存在，以此来提醒和督促准妈妈注意保护好自己。

目前没有方法从根本上阻止孕吐，但是在饮食上做一点小小的调整会起到一定的改善作用。

❶ 少食多餐。将一日三餐改为每天吃上5~6次，每次少吃一点，或者每隔2~3小时就吃点东西，随手准备少量、多品种的食品，避免空腹。

❷ 多喝点水。大量的水除了可帮助代谢，还会调节血液中激素的浓度，以减轻身体的不适。

❸ 吃生姜。生姜可以帮助有些准妈妈缓解孕吐症状，姜茶（事先征询医生的意见）是最常见的食用方法。

❹ 吃苏打饼干。孕吐在早晨最厉害，准妈妈起床前，先吃上几片苏打饼干或馒头干，休息20~30分钟再起床，可有效缓解孕吐。

顺其自然应对嗜酸、孕吐

胎教须知

怀孕时，胎盘会分泌人绒毛膜促性腺激素，能抑制胃酸分泌，从而影响胃肠的消化吸收功能，使准妈妈食欲下降、恶心、呕吐。而酸味能刺激胃酸的分泌，促进胃肠蠕动，增加食欲。

更多了解

嗜酸的准妈妈可以对日常饮食做出一些调整，不妨多吃一些柑橘、草莓等新鲜水果，既能满足嗜酸的需要，又能增加营养。

另外，很多准妈妈都特别担心孕吐会影响胎宝宝的营养供给，不知道是否需要补充一些营养素来增强营养。

孕吐一般都较轻微，准妈妈一旦发生孕吐现象，应该顺其自然。多数孕吐在怀孕12周左右自行消失。虽然孕吐暂时影响了营养的吸收，但在怀孕初期，胎宝宝主要是处于器官形成阶段，对营养的需求相对后期要少，因此除了一些孕吐现象比较严重的准妈妈需要补充营养素外，一般情况的孕吐是不需要补充营养素的。

贴心提醒

真正解决孕吐的最好办法是消除思想顾虑，适当调整饮食。如果孕吐严重，准妈妈可以选择少食多餐，每隔2~3小时进食一次，食物可根据自己的喜好尽量多样化。准妈妈坦然面对孕期的每一种身体变化或者不适，对胎宝宝极有好处。

致畸敏感期的安全防护

胎教须知

整个胚胎期（孕3~9周），胎宝宝最容易受到内外因素的干扰而发生器官形态结构畸形，所以，准妈妈应该对这段时间格外关注，做好胎宝宝的安全防护。

更多了解

❶ 调整情绪。情绪紧张时，身体分泌的肾上腺皮质激素会影响胎宝宝的发育，可能造成唇裂或腭裂等畸形，准妈妈应尽量让自己保持心境平和。

恬静又轻松的睡眠对准妈妈和胎宝宝都很重要，准妈妈每天的睡眠时间应比以前增加1小时。如果中午能把双脚垫高些，放松地睡个午觉就更好。

❷ 预防生病。病毒感染对胎宝宝的危害极大，准妈妈应尽量少去人员密集的地方，勤洗手，注意卫生。注意随时添加衣物，不让腹部着凉，避免感冒。怀孕后的准妈妈不能随便用药，如果非用药不可，应在医生的指导下进行。准妈妈不宜做X线检查。此时接受X线检查，很容易造成胚胎畸变。

❸ 准妈妈尽量不用复印机、扫描仪等具有辐射的仪器。

贴心提醒

如果准妈妈病情严重，就不能一味拒绝用药，因为有时候生病本身对胎宝宝带来的危害比药物还要大。病情严重的时候，准妈妈应该在告知医生怀孕的情况下遵医嘱安全用药。

胎教正当时

营养胎教：怀孕了怎么吃

胎教须知

怀孕了，准妈妈口味喜好变化很大，同时可能有食欲下降的情况，这时可以对饮食做些调整，不过没必要大调整，也不需要大进补。

更多了解

胚胎快速发育期间，还并不需要太多营养，准妈妈本身已有的营养基础足够供应，所以这个时候不需要刻意进补，只需定时、定量进餐，不偏食，谷物、肉食、蔬果、海产品、粗粮等都要适量摄入。

如果太刻意补充营养，甚至大补特补，胎宝宝不需要的营养就会全部长在准妈妈身上，容易造成肥胖，给后面的孕期生活增加烦恼，或者引起妊娠并发症等。

有些准妈妈可能担心后面的孕吐会影响营养摄入，所以先补充些，其实这也没必要，因为研究表明，在孕吐期间采用少吃多餐的进食方式，反而能合理地、不间断地增加营养，体重增长也能保持在正常的水准。

孕期口味喜好会发生很大变化，准妈妈可能会偏爱某种食物，原本喜欢吃的食物怀孕后看到就恶心；原本不喜欢吃的，现在反倒特别喜欢。

准妈妈如果变馋了，也不要不好意思，这并不是自己娇气或矫情，所以想吃什么就适当地吃点什么，不需要太克制。

贴心提醒

怀孕的头3个月，是致畸敏感期，尽量不吃金枪鱼、剑鱼等含汞量高的海鱼。肉类中可能寄生弓形虫，一定要煮熟再吃。不吃那些被明确列在黑名单上的不健康食物。

营养胎教：孕早期要让饮食结构更合理

胎教须知

在怀孕最初的3个月，胎宝宝需要的营养并没有想象的那么多，倘若准妈妈在备孕期并不缺乏营养，怀孕前后的活动量变化不大，那备孕期至怀孕后的头3个月并不需要刻意增加能量摄入，只需要坚持补充叶酸，并保证每日饮食结构合理即可。

更多了解

不少准妈妈抱着"一个人吃两个人补"的想法，认为怀孕后应该多吃些。但其实中国女性每天大约需要2 100千卡[①]的能量，整个备孕期和孕早期保持这个能量摄入标准即可。在现阶段，重要的不是增加食量，而是提升饮食的质量，保持合理的饮食结构。

一份合理的饮食结构应该主要包括如下三部分：10%～15%的能量要从蛋白质中获得，富含蛋白质的食物有肉、鱼、蛋和豆类等。25%～30%的能量要从脂肪中获得，富含脂肪的食物有黄油、奶酪、油类和坚果等。50%～60%的能量来源于碳水化合物，富含碳水化合物的食物有大米、面条、面包、土豆和其他谷物等。

根据常见食物营养成分表，可以按以上要求简单地换算为下面表格里的每日饮食参考量。

类别	摄入量
主食	200～300克/日，不低于150克/日
肉类	150～200克/日
各类杂粮	约75克/日（不宜多吃，以免影响矿物质吸收）
蔬菜	300～500克/日
水果	约200克/日，不宜超过500克/日
牛奶	约300毫升/日（或200克左右的酸奶）
鸡蛋	约1个/日（中等大小）
油脂类	约50克/日

到了孕中、晚期，随着胎宝宝的营养需求增多，准妈妈才需要适当增加能量摄入（中国营养学会推荐女性在孕中、晚期每天增加200千卡能量，这些能量相当于大半碗米饭，或一个中等大小的鸡蛋加200克牛奶，或一片面包加一杯130克酸奶，或一片面包加一个中等大小的苹果）。

贴心提醒

准妈妈要试着转移孕期不适带来的消极影响，比如对孕期的生活和饮食做些安排，多看些孕产育儿类的图书、杂志，它们能让准妈妈更快进入角色，调动准妈妈的积极情绪。

[①] 1卡=4.2焦耳。

胎教同步指导专家方案

营养胎教：开胃、止吐的美味

胎教须知

有些食物被很多准妈妈验证过是有良好的开胃、止吐效果的，而准妈妈自己也可以尝试一下看什么样的食物能让自己舒服些，一般来说，吃想吃的就可以。

更多了解

可以开胃、止吐的食物

生姜水	切两片硬币大小的生姜，用开水浸泡5~10分钟；取出生姜，加入红糖或蜂蜜，生姜水具有止吐的作用
黄瓜	黄瓜的清香会缓解不舒服的感觉
蜂蜜	起床前，将1勺蜂蜜含在嘴里，可使身体吸收部分糖，使血糖浓度不致过低，从而缓解孕吐
苹果	早起吃一个苹果，对缓解恶心和呕吐很有帮助，且有助于保持肠道畅通

营养胎教：开胃、止吐食谱推荐

胎教须知

醋、酸奶、酸味水果、蔬菜，比如番茄、橘子、橙子等，准妈妈在想吃酸的时候都可以加到食物里面，做出开胃又止吐的餐食。

更多了解

♡ **醋熘土豆丝**

原料：土豆2个，尖椒1个，花椒少许，干红辣椒5个，葱花少许。

调料：醋2小匙，糖1小匙，盐1/4小匙，水淀粉少许，油适量。

做法：

1.土豆洗净，去皮，切成丝，放入滴了少许醋的清水中浸泡一会儿，然后用清水冲洗2~3次，把淀粉洗去，沥干；尖椒洗净，去蒂和籽，切成丝。

2.锅中加少许油,烧至三成热,放入花椒,待闻到花椒香味时(不要把花椒炸糊),关火,拣出花椒不用。

3.再次打开火,待油温七成热时,放入干红辣椒和葱花,爆香后,倒入土豆丝煸炒熟。随后依次放入醋、糖和盐,大火翻炒半分钟。

4.加入尖椒丝继续炒半分钟,最后加入水淀粉勾薄芡,翻炒均匀即可出锅。

酸奶水果沙拉

原料: 柠檬、苹果、香蕉、甜桃各1个,西瓜1块,葡萄1小串。

调料: 原味酸奶1盒,蜂蜜15毫升,盐少许。

做法:

1.柠檬一半切成半圆薄片,一半切碎,和盐、蜂蜜拌匀腌制30分钟成柠檬酱。

2.葡萄剥皮备用,其余所有水果切成2厘米左右见方的丁。

3.原味酸奶与柠檬酱拌匀,再与柠檬片、葡萄、水果丁拌匀即可。

番茄炒豆腐

材料: 豆腐半块,番茄1个,新鲜豌豆适量。

调料: 盐、番茄酱各适量,白糖少许,水淀粉1小匙,油适量。

做法:

1.将豆腐洗净,切成3厘米见方的小块;番茄洗净,入开水中烫一下,去皮,切滚刀块;豌豆洗净备用。

2.取出适量番茄酱放入小碗中,加少许清水稀释成番茄酱汁。

3.豆腐块、豌豆分别入沸水中焯烫片刻,捞出控净水。

4.炒锅倒入少许油,烧热,放入番茄块小炒片刻,再放入豆腐块炒熟,然后放入豌豆和番茄酱汁、盐、白糖炒匀,最后勾芡即可出锅。

鲫鱼汤

材料: 鲫鱼2条。

调料: 姜2片,料酒、盐适量,葱花少许,油适量。

做法:

1.将鲫鱼剖洗干净,用料酒和适量盐腌渍20分钟。

2.锅内放油煎热,将鲫鱼放入,煎至两面微黄,倒入2碗清水煮开,放入葱

花、姜片，用大火煮3～5分钟，然后改小火煮15～20分钟，至汤变成乳白色即可。

♡ 酸黄瓜

材料： 黄瓜1条。

调料： 盐、醋、白糖各适量。

做法：

1.黄瓜洗净，切成细条，用盐腌15分钟，去除多余水分，加入少许醋、白糖拌匀，放入碗中。

2.用保鲜膜封住碗口，放入冰箱内，30分钟后即可吃，如果觉得冰，可以放在桌上回一会儿温。

❀ 贴心提醒

准妈妈在孕早期可能闻不了油腻味，甚至胃口不适，吃不下东西，这就该准爸爸大显身手了。准爸爸这个时候下厨为准妈妈做两道简单的开胃菜，不仅是对准妈妈的支持与鼓励，更是对胎宝宝的一份爱意。不用怀疑，准妈妈体会到的幸福感受一定会传达给腹中的胎宝宝哦。

优境胎教：不利于安胎的食物不能吃

胎教须知

对于准妈妈来说，忌口是一件很重要的事情。为了自己和胎宝宝的健康，准妈妈应该知道哪些是不利于安胎的食物。

更多了解

有些食物可能引起流产，有的准妈妈不敏感，吃一些可能没事，但有的敏感的准妈妈少量食用就会引发危险，应该多加注意。

❶ 山楂。山楂中某些成分可以使子宫平滑肌兴奋，从而引起子宫收缩，可能导致流产。

❷ 螃蟹。螃蟹性寒凉，容易引起腹泻，从而诱发流产。

❸ 薏苡仁。薏苡仁中的一些成分也可以使子宫平滑肌兴奋，引起子宫收缩，可能导致流产。

❹ 马齿苋。马齿苋性寒凉，有滑利的功效，可能引起流产。

❺ 芦荟。芦荟性味寒苦，有一定的毒性，还有很强的泻下作用，可能导致流产。

❻ 甲鱼。甲鱼性寒味咸，有较强的通络、散瘀作用，有可能引起流产。

❼ 青木瓜。青木瓜性寒，准妈妈更应完全戒除，因为它有可能导致流产。

有些食物里面还有一些毒素，成年人吃了没什么影响，但可能会引起胎宝宝畸形。

❶ 杏仁。含有有毒物质氢氰酸，食后可能通过胎盘进入胎宝宝体内，影响胎宝宝的健康发育。

❷ 咖啡和浓茶。咖啡和浓茶这类饮料都含有咖啡因，饮用过量的咖啡因，会增加胎宝宝畸形、流产的概率。

❸ 油条。有些商家在制作油条的过程中，可能会放含铝的明矾，食用过多可能导致胎宝宝大脑发育障碍。

贴心提醒

弓形虫除了可能隐藏在小动物身上外，生肉类食物特别是猪肉、牛肉和羊肉也可能带有弓形虫。所以，准妈妈最好不要吃未熟的肉，加工生肉后、吃东西前都要洗手；切生肉和内脏的菜板、菜刀要与切熟肉和蔬菜、水果的菜板、菜刀分开。

情绪胎教：好心情是最好的胎教之一

胎教须知

受孕初期，随着激素水平的变化，很多准妈妈的情绪变得阴晴不定。这时候，准妈妈一定要想办法调节。准妈妈快乐多一点，胎宝宝的健康聪明就多一点，胎教最大的障碍就是准妈妈有杂乱、不安的心情。

更多了解

准妈妈情绪不稳定的话会影响胎儿的骨骼、肌肉发育，甚至还可能会造成胎儿体重过轻、早产的情况。

另外，准妈妈如果情绪不好的话，会分泌肾上腺皮质激素，激素随着血液进入胎盘，对胎儿造成一定的影响。如果胎儿一直都处于焦虑之中，那么以后的性格会变得比较爱哭、容易发脾气。所以，准妈妈在孕期有好情绪，宝宝以后也会有好脾气。

贴心提醒

怀孕期间，准妈妈可以做一些自己感兴趣的事，这样能够让自己有一个愉快的心情。每天应保持适度的运动，运动能够帮助血液循环、消除疲劳，还能够让准妈妈变得更加开心，舒缓紧绷的情绪。但一定要注意运动的强度，不能太激烈，以免对胎儿造成伤害。

美育胎教：感受美，传达美

胎教须知

生活中充满各式各样的美，但要真正取得胎教效果，还需要准妈妈用心去感受、去体会，只有准妈妈真的觉得美了，感到愉悦了，才能真正使胎宝宝受益。

更多了解

美丽的大自然： 自然美能陶冶准妈妈的情感，对准妈妈的心理健康和胎宝宝是非常有益的。偶尔与准爸爸在大自然的环境中走走，或者仅仅是在家附近的公园散步，准妈妈都可以通过欣赏美丽的景色从而产生美好的情怀，体会自然美。

美妙的音乐： 无论是《乘着歌声的翅膀》等西方古典音乐，或是《叫我如何不想她》等现代音乐，还是《凤凰于飞》等中国传统歌曲，都可以让准妈妈处于美的环境中。准妈妈在听的过程中,可以随着音乐的起伏浮想翩翩,如醉如痴。

璀璨的艺术繁星：优秀的文学作品、优美的图画,是人类流传下来的瑰宝,蕴含着智慧和美感。准妈妈可以选择那些立意高、风格雅、个性鲜明的作品阅读、欣赏,尤其可以多选择一些富有活力和想象力的儿童文学、漂亮的绘本与胎宝宝一起阅读。准妈妈还可以看一些著名的美术作品,比如中国画中的山水、花鸟画,西方的油画,在欣赏美术作品时,调动自己的理解力和鉴赏力,把生活中美的体验传递给腹中的胎宝宝。

贴心提醒

准妈妈可以通过看、听,体会生活中一切的美,将自己的美的感受传递给胎宝宝。因此,如果有条件的话,准妈妈在孕期可以多欣赏一些有品位、有美感的东西。

阅读胎教：林徽因诗歌二首

胎教须知

阅读胎教，特别是大声地将内容朗读出来，可以适当增加准妈妈的肺活量，给子宫供应更多氧气。而且大声朗读也是很好的减压方式，烦躁的准妈妈也许读着读着就高兴起来了。林徽因的一些诗歌特别适合胎教。

更多了解

林徽因的诗歌《笑》和《深笑》里，纯美与纯真无处不在，读这两首诗歌，会让准妈妈不由自主梨涡浅笑。

笑

笑的是她的眼睛，口唇，
和唇边浑圆的旋涡。
艳丽如同露珠，
朵朵的笑向
贝齿的闪光里躲。
那是笑——神的笑，美的笑：
水的映影，风的轻歌。

笑的是她惺忪的鬈发，
散乱的挨着她的耳朵。
轻软如同花影，
痒痒的甜蜜
涌进了你的心窝。
那是笑——诗的笑，画的笑：
云的留痕，浪的柔波。

深笑

是谁笑得那样甜,那样深,
那样圆转?一串一串明珠,
大小闪着光亮,迸出天真!
清泉底浮动,泛流到水面上,
灿烂,
分散!

是谁笑得好花儿开了一朵?
那样轻盈,不惊起谁。
细香无意中,随着风过,
拂在短墙,丝丝在斜阳前
挂着
留恋。

是谁笑成这百层塔高耸,
让不知名鸟雀来盘旋?是谁
笑成这万千个风铃的转动,
从每一层琉璃的檐边
摇上
云天?

🌸 贴心提醒

准爸爸可以深度参与阅读胎教,可以和准妈妈一起读,也可以读给准妈妈听,然后讨论一下阅读的内容,深入理解,效果比准妈妈单独阅读要好很多。

❋ 阅读胎教:散文诗《孩童之道》

🌸 胎教须知

泰戈尔的散文诗《孩童之道》含义丰富,既表达了对母爱的崇高礼赞,也表达了孩子对母亲的爱恋，更表现了人们对世间真善爱的热烈追求。准妈妈对孕育小生命也有自己的感悟，读读这首诗，或许能产生很大的共鸣。

更多了解

孩童之道

如果孩子愿意，此时他就能飞上天堂。

他之所以没离我们而去，这不是没有原因的。

他喜欢将头靠在妈妈的胸间休息，一刻也不能忍受将视线离开她的身体。

孩子知道各种各样的乖巧话，尽管世间很少有人能理解这些话的含义。

他从来不说，这不是没有原因的。

他想要做的一件事，就是学习从妈妈嘴里说出的话语。那也是为什么他看起来如此天真的缘故。

其实，孩子拥有成堆的金子和珍珠，然而他却像个乞丐一样来到这个世界上。

他之所以以假扮的方式来，这不是没有原因的。

这个可爱的小小的裸露着身体的小乞丐假装成完全无助的模样，便是想向妈妈乞求得到爱的财富。

孩子如此无拘无束地生活在这小小的新月世界里。

他之所以放弃了他的自由，这不是没有原因的。

他知道在妈妈内心小小的角落里充满着无穷无尽的快乐，被妈妈亲爱的臂膀拥在怀里的甜蜜要远远超过自由的获取。

孩子从来不知道怎样哭泣，他居住在完美的乐土上。

他选择了流泪，这不是没有原因的。

尽管他带着微笑的可爱的小脸儿引动着妈妈的心向着他，然而他的因为细小的麻烦引起的小小的哭泣，却编织成了怜与爱双重约束的纽带。

——选自泰戈尔的《新月集》

贴心提醒

饱含深情地朗诵这首散文诗，准妈妈会由衷感受到母子情深。为什么孩子那么快乐、那么天真、那么活泼、那么可爱？因为他沐浴着准妈妈给予他的全身心的母爱。

艺术胎教：电影《白兔糖》

胎教须知

在准备孕育宝宝的时候，准妈妈的心态就会潜移默化地发生变化，变得喜欢孩子和与孩子有关的一切东西。《白兔糖》就是这么一部与孩子有关的温暖电影，主演芦田爱菜是一名集天才与天真于一体的小女孩，适合准妈妈和准爸爸一起看。

更多了解

影片以诙谐的语言、演员滑稽的表演以及一波三折的剧情，构建了一部"父女"亲情感人至深的轻喜剧。看完这部电影，准爸爸会对准妈妈腹中宝宝的到来有更多的期待。

影片基本信息

影片：白兔糖

导演：萨布

编剧：宇仁田由美、萨布、林民夫

主演：芦田爱菜、松山健一、池胁千鹤、香里奈、风吹淳、木村了、中村梅雀、木泷麻由美、桐谷美玲、佐藤瑠生亮

类型：剧情，喜剧

片长：113分钟

电影简介

河地大吉在爷爷的葬礼上遇到了六岁小女孩鹿贺凛。爷爷死后小女孩无依无靠，而家人在激烈讨论后都不愿意照顾这个小女孩，认为这个爷爷的"私生女"会带来很大的麻烦。河地大吉不忍心小女孩无依无靠，固执地将她领回了家。河地大吉在和小女孩相处的日子里才发现照顾小孩的种种麻烦和痛苦，然而这并没有使河地大吉退缩。相反，他选择了每天奔波甚至降级来承担这份责任，而小女孩的体贴和懂事也打动、改变了河地大吉。

贴心提醒

影片里年轻妈妈说"与孩子度过的时光，也正是我们的时光"。这句话很值得我们反复玩味和深思。孕育胎宝宝的时光，也是"我们的时光"。如果细细体会，感觉一个生命在慢慢长大、成熟，会收获很多的感动，有时候甚至有要抓住这段时光的冲动，因为它确实过一天就少一天了。

音乐胎教：名曲《仲夏夜之梦》序曲

胎教须知

音乐可以让准妈妈心情平静、愉悦，尤其是经典的曲目，可以让胎宝宝从一开始就接受优雅、古典的音乐洗礼。《仲夏夜之梦》序曲中的梦幻、美好，将带给准妈妈不一样的感受，准妈妈可以经常听。

更多了解

《仲夏夜之梦》序曲是著名的德国作曲家门德尔松，凭借在莎士比亚的同名喜剧中获得的印象和灵感而在17岁那年创作的，作品散发出浓郁的青春气息，充满了诗情和美感。

《仲夏夜之梦》序曲取材于民间传说，源于古代雅典的一种风俗：父亲有权决定女儿的婚事，如果女儿拒绝父亲的决定，父亲便可依法将她处死。有一个美丽的女孩违背父亲的决定，而与情人在森林中相约私奔。那个森林原来是精灵们的乐园，小情人备受精灵作弄。当然，最后有情人终成眷属，留下故事待后人吟唱。

在这首经典曲目中，门德尔松用丰富的想象、优美抒情的风格，描绘了夏季月明之夜和迷人的森林中的精灵们的神奇生活。带有神秘气氛的夜景诗趣，形成序曲诗意般的音乐背景，使序曲罩上一层幻想和仙境的色彩。静下心来，与胎宝宝一起感受其中的梦幻色彩吧。

贴心提醒

这个时期的音乐胎教并不是直接胎教，主要还是通过音乐调节准妈妈的情绪，从而对胎宝宝产生良好的影响，准妈妈不必拘泥于音乐的选择，如果不喜欢听一些经典的曲目，准妈妈完全可以选择自己爱听的音乐，因为听音乐的出发点是让自己能有享受的感觉。需要注意的是，不要选择节奏激烈的摇滚乐等。

运动胎教：散步是适合整个孕期的运动

胎教须知

孕期运动应当以既锻炼了身体又不给准妈妈的身体造成负担为基本原则。如果准妈妈在孕前有运动习惯，所参加的运动项目强度也不大，则仍可继续进行以前的运动。如果以前没参加过运动，准妈妈可以循序渐进地进行一些运动强度不大、不容易使自己感到疲劳的运动，如散步、游泳、孕妇体操等。

更多了解

　　适度运动可以维护准妈妈的身体健康，促进胎宝宝的发育，对准妈妈安度孕期好处多多。如果准妈妈的身体条件允许，孕早期最好适当地参加一些不太剧烈的运动，比如散步。

　　散步可以增强准妈妈神经系统和心肺的功能，促进血液循环，加快新陈代谢，不论是对准妈妈的健康还是对胎宝宝的营养供应都有促进作用。散步的运动强度也不大，是非常适合准妈妈的孕期运动。

散步注意事项

❶ 选好散步的地点。花草茂盛、绿树成荫的公园是最理想的散步场所。如果周围没有公园，也可选择一些清洁、僻静的街道作为散步地点。空气污浊的闹市区、集市以及交通要道对准妈妈和胎宝宝的健康无益，要尽量避开。

❷ 选好散步的时间。准妈妈可以根据自己的工作和生活情况安排适当的时间，但以清晨和傍晚为最佳。

❸ 穿着合适的服装。散步时要穿宽松舒适的衣服和鞋，这样才不会给准妈妈造成额外负担，以增强散步的效果。

贴心提醒

　　准妈妈散步时最好有准爸爸陪同。这样既可以增加夫妻间的交流，又可以培养准爸爸对胎宝宝的感情。

准爸爸胎教：爱准妈妈等于爱胎宝宝

胎教须知

为了让准妈妈感觉到准爸爸是贴心的，准爸爸需要经常去判断一下准妈妈有什么需求。如果不用准妈妈张口，准爸爸就能满足她的需求，那她一定会非常愉悦。

更多了解

"老婆怀孕了，我能做点啥？"不知道准爸爸有没有想过这个问题，但在准妈妈的角度上来说，是特别希望老公能对自己又了解又贴心的。哪些细节能让准妈妈感觉准爸爸是贴心的、可靠的呢？

❶ 端水、搀扶、递保健品。这类举手之劳的小事，很多准爸爸常常嗤之以鼻，实际上越是琐碎的小事，越是容易打动准妈妈的心。准妈妈孕期频繁喝水、上厕所，服用叶酸、钙剂、铁剂等也很常见，建议准爸爸养成看眼色的习惯，及时为准妈妈奉上水、扶一把、递个保健品。

❷ 修剪指甲。这个可以定期做，尤其是到了怀孕后期，准妈妈行动不便，可能自己都想不起来要修剪指甲。准爸爸养成定期给准妈妈修剪指甲的习惯，就再也不担心忘记了。

❸ 洗衣服、晒衣服、收衣服。这些都是体力活，一个人做也容易疲倦、乏累，如果准爸爸能及时洗掉，那就再好不过了。

❹ 陪伴在侧。受孕激素影响，准妈妈的情绪很可能变得难以捉摸，甚至喜怒无常，尤其是在她自己感觉情绪不佳的时候，转头却发现准爸爸在一旁打游戏、刷手机、看球赛，很可能就要爆发一场争吵，所以准爸爸需要自觉一点，不要总顾着自己开心，让准妈妈一个人待着或做家务。最好多陪伴准妈妈，陪伴的时候说说话、看看书，和胎宝宝互动互动就更好了，有时候即便只是陪伴着一起发呆，可能都会让准妈妈感觉很愉悦哦。

孕3月

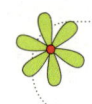

胎宝宝新变化

长成人模人样的胎宝宝

胎教须知

孕3月，胎宝宝尾巴消失，四肢、手脚分化更细，有了清晰的脊柱轮廓，眼睛、鼻子、嘴都各归其位，外形更具有作为一个"人"的特点了，骨骼也在不断变硬。接下来的几个月，胎宝宝的主要任务就是让自己长得又结实又健康，为将来出生后能够独立生存做准备。

更多了解

● 味蕾正在发育

胎宝宝的所有器官、肌肉、神经都已经开始工作，味蕾正在发育。

● 大脑和神经正在迅速发育

孕3月前，胎宝宝的大脑就已经形成。现在，他的大脑发育非常迅速，从孕3月起，胎宝宝的脑细胞会进入迅速增殖的阶段，主要是脑细胞体积增大和神经纤维增长，脑重量会因此不断增加。胎宝宝的神经系统也开始有反应了，脊神经也开始从脊髓中伸展出来，胎宝宝的反应将越来越灵敏。

● 忙着踢腿和伸展的胎宝宝，有了更多的反射动作

随着身体的发育，胎宝宝的动作会变得更多、更有力，高兴的时候，他会踢腿和伸展四肢了，胎宝宝现在可能已经有了更多的反射动作。孕3月底如果用手轻轻碰触准妈妈腹部，胎宝宝就会有手指、脚趾张开，嘴巴开合，四肢舞动等反应。只是现在的这些动作还很轻微，准妈妈还感觉不到。

● 在羊水中练习原始行走

子宫中的羊水量越来越充足，胎宝宝现在在羊水中就如同一条优雅的小鱼，"啪嗒啪嗒"地活动手脚，还会有两脚交替向前走的动作，这就是原始行走，是为出生后进行的练习。

● 胎宝宝能排尿了

孕3月，胎宝宝所有的内脏器官都已形成并开始工作，肝脏开始制造胆汁，双肾输尿管和膀胱的结构大体分化形成，有了泌尿功能，通过胎儿的尿道向外排尿，尿液开始进入膀胱，进而排泄到羊水里，羊水的成分将因此而改变。

贴心提醒

到孕3月末，胎宝宝从牙胚到指甲俱已发育，身体的雏形已经构造完成，基本的器官也都已成形，此后受到外界有害刺激而致畸的概率大大降低，准妈妈再也不用那么担心了。

胎教新知

胎教既利于胎宝宝也利于准妈妈

胎教须知

孕期做胎教，受益的不只是胎宝宝，还包括准妈妈，认真做胎教会使整个家庭氛围都变好。

更多了解

准妈妈常常有孤独的感觉，尤其是离开工作岗位以后，又加上怀孕期间身体上的诸多不适，导致生活范围局限、内容单调，而准爸爸又不能总是陪在自己身边，于是生活就变得无趣，情绪也不大容易好起来。

胎教能让准妈妈生活得更充实、丰富，将爱心倾注给胎宝宝。充实的生活能刺激准妈妈脑部保持灵活运作，也能使准妈妈的心情保持舒畅，减轻怀孕的各种不适反应，还能让胎宝宝感到外面的世界是如此美丽多彩。

胎教强调胎宝宝会受到准妈妈言行的影响，甚至在此时，胎宝宝就会依据准妈妈的生活习惯而开始养成一些习惯。因此，胎教要求准妈妈对知识、修养、爱好等都要注意，以给胎宝宝良好的教育，胎教会潜移默化地将准妈妈变成一位知识丰富、品格高尚的准妈妈。

在与新生命谋面之前，胎教可培养准妈妈和准爸爸对胎宝宝的爱与关怀，进而期待胎宝宝的出生，也能在胎宝宝出生后延续这份爱与关怀，给予宝宝良好的教育与照顾，为以后的亲子互动奠定良好的基础。

贴心提醒

胎教的效果往往取决于准妈妈的用心程度，胎教的最大障碍就是准妈妈心情杂乱、不安或者在进行胎教的过程中对胎教的效果将信将疑，这就好像一个人看上去是在学习，然而思想却在开小差，这样学习效果怎会好呢？

熟悉产检时间表

胎教须知

定期产检可以让准妈妈更直接地了解胎宝宝的健康状况，而准爸爸记下准妈妈孕期产检的时间，将工作做好调整与安排，尽量陪准妈妈去体检，会让准妈妈感觉更暖心。

更多了解

以下是准妈妈在整个孕期可能进行的产检。

产检时间	产检次数	孕周	例行产检项目	定期、特殊产检项目	备注
孕1~3月（第1次产前检查）	第1次	12周左右	了解病史（年龄、职业、推算预产期、月经史、孕产史、手术史、本次妊娠过程、家族史、丈夫健康情况等）体重 身高 血压 宫高 腹围 四肢水肿情况 胎心监护	尿常规 血液检查（验血） · 血常规 · 凝血功能 · 血型（ABO、Rh） · 甲、乙、丙肝抗体 · HIV抗体 · 梅毒抗体 · 肝功能 · 风疹病毒抗体 · 弓形虫抗体 · 巨细胞病毒抗体等 阴道检查 心电图 颈后透明带扫描（NT，检测胎宝宝唐氏综合征，怀孕11~13周进行） 绒毛活检术（检测胎宝宝唐氏综合征，怀孕11~13周进行）	· 建卡（在大城市，由于资源紧张，可能需要更早进行） · 预约B超 · 如果有孕前体检单，带上可以省略几项检查

孕3月

续 表

产检时间	产检次数	孕周	例行产检项目	定期、特殊产检项目	备注
孕4~6月（每月检查1次）	第2次	16周	体重 血压 宫高 腹围 四肢水肿情况 胎心监护 血常规 尿常规	唐氏综合征筛查（怀孕14~20周进行） 羊膜腔穿刺术（检测遗传性疾病，怀孕16~20周进行）	有些医院会合并进行第一次产检时的血液检查和唐氏综合征筛查
	第3次	20周		B超（排除胎宝宝畸形，怀孕18~24周进行）	
	第4次	24周		妊娠糖尿病筛查（一般在怀孕24周进行，如有高危因素可提前至孕早期） 糖耐量测试（妊娠糖尿病筛查测量值超过标准时进行）	
孕7~9月（每半月1次）	第5次	28周	体重 血压 宫高 腹围 四肢水肿情况 胎心监护 血常规 尿常规		
	第6次	30周		B超（检查胎宝宝发育情况并进一步排除畸形，怀孕30~32周进行）	
	第7次	32周			
	第8次	34周			
	第9次	36周		胎心监护（从36周开始每周一次）	
孕10月（每周1次）	第10次	37周	体重 血压 宫高 腹围 四肢水肿情况 胎心监护 血常规 尿常规	骨盆测量 B超（检查胎宝宝大小、胎位和羊水状况，为分娩做准备，怀孕36周或以后进行） 心电图（可以门诊做，无特殊情况也可在入院待产时做）	与医生讨论分娩方式
	第11次	38周			
	第12次	39周			

贴心提醒

虽然有时候准爸爸可能腾不出时间陪准妈妈去体检，但是准爸爸在孕期的用心准妈妈是会感受到的，也会让准妈妈感觉非常幸福，这种美好的感受对胎宝宝非常有益。

胎教正当时

营养胎教：巧吃鱼，宝宝更聪明

胎教须知

鱼是一种益智食物，常吃能提高智力，准妈妈多吃鱼还有利于胎宝宝脑部神经系统发育，胎宝宝出生后会更健康、更聪明。

更多了解

每周吃1~2次鱼

吃鱼也不是越多越好，长期过量吃鱼反而会影响胎宝宝智力的发育，准妈妈可以在每周的餐单上安排1~2次的鱼肉大餐，每周不宜超过3次。

一些深海鱼，包括人工饲养的鳟鱼、鲇鱼、太平洋三文鱼及黄鱼等都比较适合准妈妈吃。另外在烹调的时候尽量采用水煮的方式，清淡饮食比较好，豆腐煮鱼是一种很好的搭配菜式，可使准妈妈得以补充豆腐和鱼两种高蛋白质食物。

这些鱼准妈妈不要吃

❶ 出现腐败迹象的鱼。鱼腐败后会分解形成大量组胺，准妈妈吃后会诱发强烈的过敏反应，这会对准妈妈构成危险。一般来说，鲜鱼体表具有固有的色泽，鱼鳞完整或稍有花鳞，紧贴鱼体，不易脱落，眼球饱满，角膜亮而透明，肌肉结实而富有弹性。

❷ 咸鱼。咸鱼蕴藏有大量二甲基亚硝酸盐，进入人体内可以转化成致癌性很强的二甲基亚硝胺，增加胎宝宝出生后的患癌危险。

❸ 鲨鱼、鲭鱼、旗鱼及方头鱼。这四种鱼的汞含量高，可能会影响胎宝宝大脑的生长发育。

❹ 鱼油。准妈妈最好不要吃鱼油，因为鱼油会影响凝血功能，准妈妈吃多了可能会增加出血概率。

营养胎教：健康喝水

胎教须知

怀孕后，准妈妈的血液量增加、羊水增加，这些都需要充足的水供应，如果刻意少喝水，胎宝宝估计得"渴"着了。

更多了解

准妈妈喝水的技巧

一般准妈妈每天要饮用1 700~1 900毫升水，这其中包含了摄入的汤、果汁等的水分，如果准妈妈喜欢喝汤，水就可以少喝一点。

❶ 水要慢慢喝，不要一次喝很多，喝水也要有规律，不要长时间不喝，如果等到口渴了才喝，说明细胞缺水已经比较严重了。

❷ 建议早晨起床后喝1杯温开水，可以补充睡眠中流失的水分，降低血液浓度，并使血管扩张以促进血液循环。

❸ 日间活动或工作过程中，最好是将水杯放在眼前，想起了就喝一点，每次喝2~3口即可。晚饭后2小时喝点水，睡觉前就不要再喝了，以免夜间上厕所影响睡眠。

贴心提醒

怀孕后，增大的子宫会挤压邻近的膀胱的空间，这会导致准妈妈排尿次数增多，准妈妈千万不能因为尿频而少喝水。

营养胎教：孕吐时补充营养的小妙招

胎教须知

孕吐对准妈妈及胎宝宝的营养吸收不利，剧烈孕吐可能会导致营养不良。孕吐严重的准妈妈需要专门补充一些营养素。

更多了解

❶ 注意补铁。准妈妈剧烈呕吐且摄铁量不足时，会出现贫血现象（如面色苍白、头晕眼花、四肢无力等），这时要增加含铁丰富的食品的摄入，如鸡、鸭、猪的心、肝、肾，以及蚕豆、番茄、芹菜、香菇、紫菜、桃子、红枣、葡萄干等。

❷ 注意补水。孕吐时，水分补充对准妈妈很重要，准妈妈不要怕吐，吐了以后应再

喝，反复几次就不会再吐了。

❸ 注意补钠。孕吐脱水可能造成低钠现象，准妈妈的水和其他饮料里可加少许食盐。

晚上孕吐较轻，食量适当增加，必要时准妈妈可在睡前再加一餐，以满足自己与胎宝宝的营养需要。

孕吐严重时，准妈妈可以吃些柑橘、杨梅等水果，因为这些水果能增加胃酸，促进胃肠道蠕动和增加食欲，有助于食物的消化吸收。注意少吃腌渍的酸菜，酸菜含盐量高，且没什么营养，可偶尔食用，多吃不利于健康。

贴心提醒

如果孕吐严重到食之即吐，甚至是不能进食，要及时请医生治疗，医生可能会建议服维生素，或通过静脉滴注葡萄糖氯化钠注射液来缓解。

营养胎教：自制健康饮料——胡萝卜橙汁

胎教须知

备孕、怀孕期间，准妈妈会有意识地戒掉一些饮料，比如可乐、咖啡以及一些市售果汁等。但其实整个孕期，准妈妈除了要吃得健康，也是可以吃得美味的哦。

更多了解

拿出尘封的豆浆机、榨汁机这些厨房电器吧，将自己喜欢的蔬菜或水果随意搭配榨汁饮用，既健康又美味。

♡ **胡萝卜橙汁**

原料： 橙子2个，胡萝卜1根。

做法：

1. 橙子去皮、去籽，切成小块；胡萝卜洗净，去皮，切成小块。

2. 将橙子块和胡萝卜块一起放入榨汁机，榨出胡萝卜橙汁。

情绪胎教：别让坏心情缠着自己

胎教须知

孕3月，准妈妈的情绪对胎宝宝的健康发育起着关键的作用。当心情焦躁，感到不愉快或生气的时候，准妈妈不妨歇息片刻，想一想怎样才能创造好心情。

更多了解

准妈妈的心情不佳，胎宝宝也会惴惴不安，因此，准妈妈需要经常告诫自己："如果我常怀有平静、开朗的心情，那么我的宝宝就会完成良好的身心发育。"这种暗示有助于准妈妈调适情绪。既然已经做好了成为一个母亲的准备，准妈妈便要为了腹中的小生命学会克制，别让心思纠缠在消极或者困难的事情上。如果天气好，去公园散散步吧，在安静的林荫小道上，听着"啾啾"的鸟鸣声，看着盛开的鲜花，心情会变得格外轻松愉快。尽量去做自己喜欢的事情，比如给自己买一本书、吃点自己喜欢吃的食物、看一些自己喜欢的电视节目或者电影等，会让准妈妈更开心。情绪特别不好的时候，不妨向知心朋友或者最亲近的人倾诉，倾诉能宣泄心中的不快。

贴心提醒

准妈妈要经常以一种安详和稳定的状态，保护腹中的小生命，直到他来到这个世界。准妈妈在孕期的每一分努力，都会在胎宝宝身上产生正向作用。

情绪胎教:"心理体操"

胎教须知

有些方法只要认真去做,是真的可以减轻心理压力,让情绪变好的。准妈妈在孕期难免会出现情绪紧张的情况,这时候不妨做一下这些舒缓压力、放松心情的"心理体操"。

更多了解

第1节:深呼吸

坐在椅子上,双脚平放,闭上眼睛,用鼻子慢慢吸气,手指向外扩张;然后张嘴呼气,一点一点将气呼出体外,至身体放松。

第2节:重复快乐的词句

反复诵读一些乐观的词或句子,可以缓和呼吸,使思维集中到声音上,使准妈妈和胎宝宝安静、快乐起来,比如"宝贝,我爱你"。

第3节:接受音乐的洗礼

每天花20分钟静静地接受音乐的洗礼吧,这样会使准妈妈和胎宝宝的情绪达到最佳,还能促进胎宝宝的身心发育。

第4节:与幽默亲密接触

喜剧、幽默风趣的散文和随笔、滑稽搞笑的图片,每天欣赏一下这些,可以让准妈妈焕发光彩,变消极为积极,进而转变成力量。

第5节:记心情日记

每天都写上一段日记,记录一下当天的心情,这将是一份长久的纪念。整整280天,准妈妈和胎宝宝一起走过,这是值得骄傲的,准妈妈记录下的每一天都是一份充满意义的礼物。

贴心提醒

准爸爸可以加入哟。比如可以为准妈妈的"心理体操"做各项准备工作,还可以通过幽默的方式来使准妈妈绽放美丽的笑容,这样效果会更好。

阅读胎教：绘本《猜猜我有多爱你》

胎教须知

怀孕前看到合适的绘本可以屯起来在孕期看，也可以读给胎宝宝听，等宝宝出生了还可以继续读。《猜猜我有多爱你》中兔爸爸和兔宝宝比赛谁更爱对方，整个绘本充溢着爱的气氛和童趣，相信准妈妈和准爸爸都会被它吸引哦。

更多了解

《猜猜我有多爱你》作者山姆·麦克布雷尼，英国人，绘图者安妮塔·婕朗，英国人，这个绘本是他们的经典作品。

这本图画书中只有小兔子和大兔子，小兔子认真地告诉大兔子"我好爱你"，而大兔子回应小兔子说："我更爱你！"

确定大兔子很爱自己的小兔子，更希望自己的爱能胜过大兔子的爱，他想尽办法用各种身体动作、看得见的景物来描述自己的爱意，直到累得在大兔子的怀中睡着了。

"我爱你有这么多。"小兔子把手臂张开，开得不能再开。

但大兔子有一双更长的手臂，他张开来一比，说："可是，我爱你这么的多。"

小兔子想：嗯，这真的很多。

…… ……

大兔子用智慧赢得了比赛和小兔子稍微少一点的爱，可小兔子用它的天真和想象赢得了大兔子多出一倍的爱。

贴心提醒

小孩子喜欢比较，作为大人的爸爸也不遑多让，很多家庭中的爸爸都会时不时地和孩子较量较量，甚至努力胜过孩子，这也可能是将来家庭中的一幕，准爸爸准妈妈不妨沉下心来去设想一下。

阅读胎教：故事《胖奶奶和三只小猫》

胎教须知

《胖奶奶和三只小猫》故事里拟人化的小猫就像顽皮又可爱的小孩，生动极了，孕早期读这个故事可以使准妈妈内心变得更加柔和。在孕6月以后，准妈妈还可以声情并茂地给腹中的胎宝宝读这个故事。

胎教同步指导专家方案

更多了解

胖奶奶和三只小猫

胖奶奶有三只小猫，这三只小猫天天跟胖奶奶生活在一起，吃饭、睡觉、看电视，形影不离。

有一天，胖奶奶要去市场买东西，就对三只小猫说："乖宝宝，好好看家呀，我出去买点东西，回来喂你们吃。"说完，胖奶奶就走了，只留下三只小猫在家里。

不一会儿，一个小偷来到了门口，三只小猫谁都没发觉。只见那个小偷先用耳朵听了听，又用手敲敲门，"嗯，屋里没动静，家里肯定没人。"这时，三只小猫听见了敲门声，是谁在敲门呢？

"是胖奶奶回来了吧。"

"不是。胖奶奶刚走嘛。"

"那会是谁呢？"

这时候，小偷拿着锤子开始砸门锁了。

"哎呀，不好，是小偷。"一只小猫说。

"这可怎么办？"三只小猫着急了。

"胖奶奶怎么还不回来，急死了。"

正在这时，一只小猫灵机一动，想到了一个好主意，于是三只小猫立即行动起来。

一只小猫穿上胖奶奶的拖鞋，"呱嗒呱嗒"地在屋里走来走去。

一只小猫拿起桌上的小勺子和碗，"叮叮当当"地敲了起来。

一只小猫把电视的遥控器按开，电视里面正巧有一群人在"嘻嘻哈哈"地大声说笑。

就这样"呱嗒呱嗒""叮叮当当""嘻嘻哈哈"的一阵折腾。小偷听见了，"怎么屋里有人，电视开着，有人在吃饭，并且还有人在屋里走来走去？不好，我赶紧跑吧。"想到这里小偷怕极了，飞也似地跑掉了。三只小猫见小偷跑了，"喵喵"叫着，好高兴呀。

一会儿，胖奶奶回来了，给小猫们带了好多好吃的东西。但是看到屋里乱七八糟，就说："你们这三只调皮的小猫，我只走一会儿，你们就把屋里弄得这么乱。"

没办法，三只小猫争着抢着要告诉胖奶奶刚才发生的事，可是胖奶奶听不懂他们的话。只是说："大家别争别抢，都有份啊。这份是你的，这份是你的，这份是你这个小滑头的。"并且"呵呵"地笑着看着他们。

音乐胎教：圆舞曲《维也纳森林的故事》

胎教须知

好的音乐能与人的心灵产生共鸣。欣赏音乐时，随着乐曲的展开，准妈妈可以加入丰富的想象，在脑海中浮现各种美好事物，这是欣赏音乐的最佳状态。神经系统将音乐信息传递给胎宝宝，让胎宝宝也能一同感受到音乐的魅力和美感。

更多了解

奥地利首都维也纳的郊区有一片美丽的森林，它离城市不远，历来吸引着千千万万的游人。这片森林也是许多居住在维也纳的大作曲家们经常光顾的地方，森林的美景常常激起他们的灵感。小约翰·施特劳斯是地道的维也纳人，他一生写过多首圆舞曲，但是在他的作品里，影响最大、流传最广的莫过于《维也纳森林的故事》了。

《维也纳森林的故事》就是他献给故乡的赞歌。

在假日的清晨，准妈妈不妨放上一首《维也纳森林的故事》，和准爸爸跳上一支舞。

听一曲《维也纳森林的故事》，一切宛如人间天堂——春天的早晨，阳光透过大树茂密的叶子洒在挂满露珠的草地上，山边小溪波光粼粼。羊儿在草地上吃草，小鸟在林间婉转啼鸣，牧童吹着短笛，猎人吹响号角，马蹄"嗒嗒"……

音乐胎教：圆舞曲《蓝色多瑙河》

胎教须知

圆舞曲《蓝色多瑙河》，音乐主题优美动听，节奏明快而富于弹性，体现出华丽、高雅的格调，同样是奥地利著名作曲家、指挥家、小提琴家小约翰·施特劳斯的代表作。多听听这首曲子会大大提升自己的审美，同时让胎宝宝也得到音乐的美的滋养。

更多了解

据传,当时在多瑙河畔的小约翰·施特劳斯被眼前美景所打动,音乐灵感大发,手头却无纸可用,便将曲谱写在了衬衫上。后来,此衬衫被洗衣妇拿去了,小约翰·施特劳斯夫人发现衬衫不见了,到处寻找,终于在它即将被洗衣妇扔入水中清洗前,找到了这件谱有世界名曲《蓝色多瑙河》的"曲谱"。

此曲按照典型的维也纳圆舞曲的结构写成,以典型的三拍子圆舞曲贯穿节奏,由序奏、五个小圆舞曲和尾声组成。徐缓的序奏如一袭薄幕,轻轻拉开,多瑙河的水波在晨光中轻柔地荡漾。接下来的五个小圆舞曲,节奏明快,充满鲜活的欢乐气氛,表现出人们在多瑙河畔、在令人陶醉的大自然中欢快地舞蹈。乐曲结束后,这种欢快的气氛仍然令人意犹未尽,浮想联翩:在春风的吹拂下,在美丽欢快的多瑙河的感染下,人们那么自在随意地欢乐着,多么动人啊!

贴心提醒

孕期情绪低沉时,准妈妈不妨适当休息,放空大脑,什么也不想,边休息,边听听这首欢快的《蓝色多瑙河》,它明快的曲风能让准妈妈不知不觉中情绪变好。

美育胎教:王羲之《兰亭集序》

胎教须知

王羲之的《兰亭集序》有"行书第一"之称,其书法笔力雄健而又飘逸流畅,全稿共计324字,凡是重复的字都各不相同,其中21个"之"字,各具风韵,皆无雷同。

更多了解

据说《兰亭集序》是王羲之醉酒之后的作品，当其酒醒之后，过几天又把原文重写了好多本，但终究没有在兰亭集会时所写的版本好。

《兰亭集序》

永和九年，岁在癸丑，暮春之初，会于会稽山阴之兰亭，修禊事也。群贤毕至，少长咸集。此地有崇山峻岭，茂林修竹；又有清流激湍，映带左右，引以为流觞曲水，列坐其次。虽无丝竹管弦之盛，一觞一咏，亦足以畅叙幽情。

是日也，天朗气清，惠风和畅。仰观宇宙之大，俯察品类之盛。所以游目骋怀，足以极视听之娱，信可乐也。

夫人之相与，俯仰一世，或取诸怀抱，悟言一室之内；或因寄所托，放浪形骸之外。虽趣舍万殊，静躁不同，当其欣于所遇，暂得于己，快然自足，不知老之将至；及其所之既倦，情随事迁，感慨系之矣。向之所欣，俯仰之间，已为陈迹，犹不能不以之兴怀。况修短随化，终期于尽。古人云："死生亦大矣。"岂不痛哉！

每览昔人兴感之由，若合一契，未尝不临文嗟悼，不能喻之于怀。固知一死生为虚诞，齐彭殇为妄作。后之视今，亦犹今之视昔。悲夫！故列叙时人，录其所述，虽世殊事异，所以兴怀，其致一也。后之览者，亦将有感于斯文。

贴心提醒

喜欢书法的准妈妈也可以在孕期练习毛笔字，写字可以修身养性，对胎宝宝极有好处。

艺术胎教：电影《千与千寻》

胎教须知

日本导演宫崎骏的每一部作品都带着诚意，直击人的内心最深处，如果准妈妈还没有看过宫崎骏的电影，一定不要错过。《千与千寻》《悬崖上的金鱼姬》《龙猫》等优秀的作品都是特别适合孕期准妈妈欣赏的影片。

更多了解

影片基本信息

片名：千与千寻
制片地区：日本
导演：宫崎骏
类型：动画，冒险，家庭，奇幻
片长：125分钟

电影简介

千寻在和父母去郊外新家的路上，父亲将车意外开到了一个古老的城楼前，城楼下面有长长的隧道。好奇的父母带着她走了进去，结果隧道的尽头是另外一个世界，父亲却误以为这是以前经济泡沫未破时盖的仿古游乐城。父亲和母亲循着诱人的饭香来到了空无一人的小镇上，屋子里摆满了可口的食物，父亲和母亲迫不及待地大快朵颐。但是当千寻再看父母时，他们已经变成了猪。这时渐黑的小镇上亮起了灯火，而且一下子多了许多样子古怪、半透明的人……

《千与千寻》非常经典，里面不乏广泛流传的台词。

❶ 曾经发生的事不可能忘记，只是暂时想不起来而已。

❷ "我们还会在那里相逢吗？" "一定会的。" "一定噢！" "一定。你去吧，记得别回头噢。"

❸ 别害怕，我跟你是同一边的。

❹ "对不起，我刚才呼吸了。" "不，千寻已经很努力了。"

❺ 名字一旦被夺走，就再也找不到回家的路了。

❻ 我到现在都想不起自己的名字。可是真是不可思议，我居然还记得你的名字。

❼ 你不懂吗？这就是爱。

❽ 放心吧，你一定可以做得到的。

贴心提醒

看电影是很好的放松方式，准妈妈要选择那些平和、优美、积极向上的影片去看，刺激性强的恐怖电影、灾难片、悬疑剧等会引起情绪大起大落的电影都不适合。

准爸爸胎教：给胎宝宝起名字

胎教须知

准爸爸和准妈妈每天都需要和胎宝宝沟通，所以给胎宝宝取一个有爱的名字很有必要哦。可以先起个小名，正式的名字待宝宝出生后办理出生证的时候再确定也不迟。

更多了解

给胎宝宝起个有爱的小名可以帮助更好地进行胎教。试想一下，当自己叫了宝宝名字后再开始讲故事，胎宝宝是否更有参与感一些呢？

在胎儿期如能多呼唤胎宝宝的名字，常用小名轻声而充满爱意地跟他打个招呼，那么胎宝宝出生后，再次听到同样的呼唤会感到熟悉和亲切，在新环境中不会感到紧张和不安，从而可以帮助他从心理上尽快适应，这对促进宝宝日后语言和智力的发展很有意义，同时也丰富了宝宝的精神世界。

其实，名字除了方便分辨和称呼外，还寄托了准爸妈对胎宝宝的希冀和爱意，彰显出胎宝宝在准爸妈心中的独一无二，也是准爸妈给胎宝宝的一份礼物。

给胎宝宝起的昵称应响亮一些，可以用叠音，这样叫起来顺口，容易听，也容易记住，不用像起大名那样郑重其事，比如皮皮、球球、丁丁、咚咚、嘟嘟等，还可以用拟物的名词，比如小黄豆、小土豆、小洋葱、小油菜等，俏皮又可爱，而且男胎宝宝和女胎宝宝都可以用。

贴心提醒

如果打算给胎宝宝起英文名，可以将英文名起得与中文名相互呼应，发音接近。要是还能有美好的含义就更好了，比如Grace（优雅）、Sunny（阳光）等。

孕4月

胎宝宝新变化

胎宝宝会做"鬼脸"了

胎教须知

孕4月的胎宝宝大部分关键性发育都已经完成，进入全面快速发育的时期，本月底就会长到鸭梨那么大。准妈妈应注意均衡饮食，保证给予胎宝宝充足的蛋白质、多种维生素、钙、铁等营养素的供给，促进胎宝宝的健康成长。

更多了解

● 胎盘和脐带发育完成

孕4月的第一周，陪伴胎宝宝整个孕期的胎盘和脐带也已发育完成，开始正常工作，为胎宝宝发育源源不断地提供所需要的营养和氧气、运输代谢的废物，促进胎宝宝迅速而稳健地继续发育。这也说明准妈妈和胎宝宝之间的联系更紧密了。

● 进行面部表情练习

由于大脑神经系统越来越发达，在孕4月内，胎宝宝可以做许多动作，如双手握紧、吸吮自己的大拇指等，还会出现眯着眼睛斜视、皱眉头、做"鬼脸"等面部表情，这些动作促进了胎宝宝面部肌肉发育，还可以帮助他的大脑更好地发育。

● 循环系统规律工作

胎宝宝的血管网遍布全身，小心脏已经有规律地跳动，神经系统开始工作，肌肉可以对大脑的刺激做出反应，这使胎宝宝的动作更加协调。胎宝宝的循环系统几乎都进入了正常的工作状态，开始发挥作用了，他将继续吞咽羊水练习呼吸。

● 开始出现胎动

很快，准妈妈还将经历孕期的一个最美妙的时刻：感觉到胎动。那将是一种神奇的感受，让准妈妈更加体会到胎宝宝的存在。但大多数准妈妈要等到第18周或之后才会有所感觉，别太着急，在接下来的孕周里，胎宝宝的胎动会变得更加有力，准妈妈也能更频繁地感知到。

贴心提醒

这个时期准妈妈常常会担心胎宝宝的健康，也会经常胡思乱想，为了避免不必要的担忧或烦恼，准妈妈可以将注意力转移到享受美味、享受生活、坚持运动上。

胎教新知

解读斯瑟蒂克胎教成功之处

胎教须知

斯瑟蒂克夫妇一直坚信"每一个宝宝都是天才"，他们从怀孕开始时就坚持对胎宝宝实施胎教，他们认为：只要是以爱为基础制订的怀孕计划，并积极地将其付诸实践，无论是谁都可以生下聪明伶俐的宝宝。

更多了解

斯瑟蒂克家的四个孩子的成功使得其父母所采用的胎教方法一时之间成为人们最为乐道的话题，并将他们的胎教方法按姓氏命名为"斯瑟蒂克胎教法"。

到底是怎样的胎教造就了这样四个天才儿童？斯瑟蒂克胎教法成功的秘诀是什么呢？来看看斯瑟蒂克究竟是怎样对宝宝进行胎教的。

❶ 经常用悦耳、快乐的声音唱歌给胎宝宝听。

❷ 多播放旋律优美、节奏明快的音乐或歌曲，将幸福与爱的感觉传递给胎宝宝。

❸ 随时与胎宝宝交谈，从早上到晚上就寝的一切事情，一天里在做着什么，想着什么，都跟胎宝宝说。例如，早上起床，跟胎宝宝说早安，告诉他现在是上午，将当天的天气告诉胎宝宝。

❹ 念故事给胎宝宝听，首先，自己必须先了解故事的内容，然后用丰富的想象力，把故事说给胎宝宝听。说故事时，声调要富有感情，不要单调乏味。

❺ 多外出散步。散步时，无论看到什么，如车辆、商品、行人、植物，都可以将它们变成有趣的话题，细致地描绘给胎宝宝听。

❻ 等宝宝出生以后，最好把胎教所用过的东西，放在宝宝的面前，如此一来，宝宝有可能会慢慢回忆起以前学过的东西。

由此可以看出，斯瑟蒂克夫妇胎教的秘诀并不神秘，他们对孩子充满爱心，愿意用积极的态度将胎教计划实施，将各种胎教方法综合起来运用，用爱心和耐心造就了孩子都是天才这一奇迹。

贴心提醒

在进行胎教的时候，急功近利的想法会干扰胎教的实施，最好的胎教，一定是怀着一颗即将与胎宝宝相见的喜悦心情而进行的。

准爸爸是胎教不可或缺的角色

胎教须知

胎教的主体是准妈妈，但胎教绝对不是准妈妈一个人的事，事实上准爸爸在胎教中的作用是不可忽视的，准爸爸要积极参与胎教。

更多了解

准爸爸参与胎教的好处很多。

❶ 胎宝宝对男性低频率的声音比对女性高频率的声音敏感。而且，准爸爸参与胎教能让准妈妈感觉受到重视与疼爱，胎宝宝也能感受，对日后性格发育大有益处。

❷ 准爸爸能丰富生活情趣，让准妈妈不会觉得长长的孕期有枯燥感。

❸ 准爸爸可以协助准妈妈一起胎教，使得胎教氛围充满爱意，使胎教更加生动有效，也能让准妈妈感受到体贴与关心，从而保持一份好心情。

❹ 可以建立宝宝日后对爸爸的信任感。

准爸爸要积极参与胎教。

❶ 养成对胎宝宝讲话的习惯。胎宝宝对常常听到的声音有着特别敏感的反应，如果经常对他讲话，那么，对声音的感受会使记忆力的发育速度大大提高。

❷ 准爸爸应积极支持准妈妈为胎教而做的种种努力，并主动参与进来，如陪着准妈妈一同与胎宝宝"玩耍"，对胎宝宝讲故事，描述自己每天的工作及收获，让胎宝宝熟悉自己低沉而有力的声音。

❸ 关心、爱护、体贴准妈妈，让准妈妈多体会家庭的温暖，避免准妈妈有愤怒、惊

吓、恐惧、忧伤、焦虑等不良情绪，保证准妈妈心情愉快地度过孕期。

贴心提醒

准爸爸胎教的这段时间，主题不需要特别规定，既可以跟胎宝宝讲自己当天的工作，也可以根据自己的爱好、兴趣或知识范围随意制订每天的胎教主题。

胎教音乐依照性格选择

胎教须知

音乐种类很多，优秀作品更是数不胜数，但胎教音乐选择应该要求严格一些，最好是结合准妈妈的性格和胎宝宝的个性来选择。

更多了解

有些准妈妈在4个月时已经感受到胎动，有的准妈妈在5个月时才能感觉到。胎动也各有特点，在选音乐时应注意到胎动的类型，并以此作为选择音乐的依据。比如有的胎宝宝"淘气"，有的"文静"，准妈妈要多多留心。

一般，那些活泼好动的胎宝宝可以经常听一些节奏缓慢、旋律柔和的乐曲，如《勃兰登堡协奏曲》《摇篮曲》等；而那些文静、不爱活动的胎宝宝则可多听一些轻松活泼、跳跃性强的儿童乐曲、歌曲，如《铃儿响叮当》《牧童短笛》等。

不同性格的准妈妈，进行音乐胎教时会选择不同曲调、节奏、旋律、响度的乐曲。如果准妈妈情绪不稳、性情急躁，胎动频繁、不安，则宜选择一些节奏缓慢柔和、轻盈安详的乐曲。如二胡曲《二泉映月》、筝曲《渔舟唱晚》、民族管弦乐曲《春江花月夜》、琴曲《平沙落雁》等。这些柔和舒缓并具有诗情画意的乐曲，可以使准妈妈及胎宝宝的情绪逐渐趋于安定状态，并对胎宝宝的身心健康发展有益。

如果准妈妈性格忧郁，胎动也比较弱，则宜选择一些轻松活泼、节奏感强的乐曲。如《春天来了》《江南好》《步步高》及奥地利作曲家小约翰·施特劳斯的《春之声圆舞曲》等。这些乐曲旋律轻盈优雅，曲调优美流畅、起伏跳跃，节奏感强，既可以使准妈妈振奋精神、消除忧虑，也能给腹中胎宝宝增添生命的活力。

贴心提醒

在进行音乐胎教时，如果能和着节奏，将音乐表达的内容与胎宝宝的状态结合起来，将对胎宝宝的生长发育起到明显的效果，从而收获更好的胎教效果。

孕期体重增长有要求

胎教须知

体重是怀孕期间监测身体健康情况的重要指标，不过这并不是说只要体重没有达到某个值就是身体出问题了。许多准妈妈困惑于体重增速问题，那么孕期体重增长规律是怎样的呢？

更多了解

在整个孕期，准妈妈的体重增加主要来自这几个部分。

组织	增重
宝宝	约3.5千克
子宫增长	约1千克
胎盘	约0.5千克
乳房增重	约0.5千克
体液增加	约2.5千克
脂肪储备	3~4千克

无论准妈妈目前已经增加了多少体重，首先都应该认识到怀孕后自己的体重一定会增加，至于增加多少，中国营养学会2022年修订的《孕期体重增长异常妇女膳食指导》中建议：

孕前体重正常的女性，孕期体重增加的适宜值为12.5千克，从孕中期开始，每周体重增加大约为370克，头3个月，由于早孕反应，准妈妈的体重可能并不会增加多少，当然，假如食欲比较好，也会增加较多。

如果准妈妈怀孕前体重指数＜18.5千克/米^2，体重在整个孕期应该增加11千克；

如果准妈妈怀孕前24.0千克/米^2≤体重指数＜28.0千克/米^2，孕期体重应该增加7~11千克；

显然，每个人体重的增长是有个体差异的，所以最终增加多少体重谁也不知道，在准妈妈有困惑时，要及时咨询医生。

另外，在每个时期，体重的增长也是不均衡的，有可能平稳增长，也有可能呈阶段性增长，某个时期增长快，某个时期增长慢，但只要总体上在增长，就不必过于担心。

贴心提醒

孕早期食欲不佳或者孕吐可能会引起体重暂时下降的情况，到了孕中期体重会慢慢回升，这是正常的，准妈妈不必担心。

胎教正当时

美育胎教：给胎宝宝身心以美的熏陶

胎教须知

生活中充满了各种各样的美，人们通过各种功能器官来享受着这一切。美育胎教是通过准妈妈对美的感受而将美的意识传递给胎宝宝的胎教方法。

更多了解

美育胎教要求准妈妈通过看、听体会生活中一切的美，将自己的美的感受通过神经传导给胎宝宝。

❶ 看。主要是指阅读一些优秀的文学作品和欣赏优美的美术作品。准妈妈要选择那些立意高、风格雅、个性鲜明的文学作品阅读。准妈妈在阅读这些文学作品时一定要边看、边思、边体会，强化自己对美的感受。准妈妈还可以看一些著名的美术作品，比如著名的山水画、油画，在欣赏美术作品时，调动自己的理解能力和鉴赏能力，把美的体验传递给胎宝宝。

❷ 听。主要是指听音乐，无论是休息还是做家务时，准妈妈都可以打开音乐，欣赏音乐，使自己处于优雅的音乐环境中。

❸ 体会。指贯穿看、听活动中的一切感受和领悟，准妈妈通过欣赏美从而产生出的美好的情怀，并传递给胎宝宝，这样也是一种不错的胎教。

美学培养也是胎教的一个组成部分。它主要包括音乐美学和大自然美学。

❶ 音乐美学。对胎宝宝进行音乐美学的培养可以通过心理作用和生理作用这两种途径来实现。

心理方面：音乐能使准妈妈心旷神怡，从而使其情绪达到最佳状态。同时安静、悠闲的音乐可以给胎宝宝创造一个平静的环境，使躁动不安的胎宝宝安静下来，使他蒙眬地意识到世界是多么的和谐、多么美好。

生理方面：悦耳怡人的音乐能激起准妈妈自主神经系统的活动，由于自主神经系统控制着内分泌腺使其分泌出许多激素，这些激素经过血液循环进入胎盘，使胎盘的血液成分发生变化，有利于胎宝宝健康的化学成分增多。

❷ 大自然美学。准妈妈多到大自然中去饱览美丽的景色，可以促进胎宝宝大脑和神经的发育。

贴心提醒

性情暴躁、情绪波动大、容易发怒、多愁善感、敏感多疑、心胸狭窄的准妈妈，孕早期以及中期发生流产的概率要比正常准妈妈高出3~5倍。因此，准妈妈在孕期要学会培养性情，切忌大悲大怒，更不要吵骂争斗，在情绪不好的时候可以听些轻柔的音乐，可以让烦躁的心情平静下来。

营养胎教：补钙

胎教须知

进入孕中期，胎宝宝的骨骼和牙齿都在发育，准妈妈对钙的需求会越来越多，当血钙不足时，胎宝宝会"夺取"准妈妈骨骼中的钙，引起肌肉痉挛。准妈妈要提高补钙的意识。

更多了解

准妈妈消耗的钙量要远远大于普通人，在孕早期，准妈妈每天须摄入800毫克钙，孕中、晚期须增加至1 000毫克。准妈妈补钙的一种重要方式，就是从日常饮食中获取钙，特别是从那些含钙量高的食物中获取，其次才是选择补钙产品。因此，准妈妈可能需要咨询医生，看是否需要使用补钙产品。

牛奶、其他奶制品以及强化钙的食品等，都是钙的最佳来源。在我们平常吃的食物中，虾皮、腐竹、豆腐、鱼类、海带、紫菜、鸡蛋及绿叶蔬菜等食物中都含有丰富的钙，是准妈妈不错的选择。

每天喝500毫升牛奶或酸奶，如果不习惯喝奶，可以每天补充含钙600毫克左右的钙片，再吃一些虾皮、腐竹、黄豆、紫菜以及绿叶蔬菜等钙含量丰富的食物。

补钙的同时适量补充维生素D，因为维生素D能够调节钙磷代谢，促进钙的吸收。除了服用维生素D外，也可以通过晒太阳的方式促进体内合成维生素D。准妈妈每天只要在阳光充足的室外活动半小时以上就可以合成足够的维生素D。

补钙的同时也要注意不要补过头，通常补到36周就可以了，以避免胎宝宝头颅发育得太硬，自然分娩时头部不易被挤压，造成难产。

贴心提醒

骨头汤不可以"海量"喝，因为相比汤中的钙含量，脂肪含量更高，喝多了反而不利于健康。

营养胎教：当心营养超标

胎教须知

准妈妈饮食过量或者营养摄入过量，引起营养过剩，多余的能量会转变成脂肪，导致孕期体重增长过快，造成准妈妈过胖，增加身体的负担，并增加患妊娠糖尿病、妊娠高血压等并发症的风险。同时，胎宝宝也会因为营养摄入过量造成体重超标，对自然分娩产生一定的不良影响。

更多了解

判断是否营养过剩最方便、最常用的指标是体重，怀孕期间，准妈妈每月至少应称体重1次。准妈妈妊娠前体重正常的情况下体重增加范围如下。

孕早期：增加0~2千克

孕中期：每周增加0.26~0.48千克。

宝宝出生时：体重比孕前增加约12.5千克。

如果体重增加过快，表示营养超标，应及时调整饮食结构，或咨询医生。

巧用"12345"饮食法控制营养

准妈妈在饮食营养的摄入上要适可而止，不能贪多，可参考"12345"饮食法来控制营养：1杯牛奶、2个鸡蛋、3两（150克）肉类、400克主食、500克蔬菜和水果。

贴心提醒

即使吃水果让准妈妈觉得很开心，也不能用水果当正餐。水果好吃多是由于其中的糖分，准妈妈吃得太多会导致糖分摄入过量，容易引起血糖升高，诱发妊娠糖尿病，还容易导致肥胖，为了自己和胎宝宝的健康，要学会节制。

营养胎教：特别想吃的食物可适量吃一些

胎教须知

准妈妈在怀孕期间爱吃某种食物，可能是一种能真实反映出身体需求的自然智慧：很多研究准妈妈偏爱某些食物的营养学家认为，这些被偏爱的常见食物的确在怀孕期间提供了准妈妈所需的重要营养素。

更多了解

很多准妈妈怀孕后，身边会有很多过来人告诉你，这个不能吃，那个不能吃。特别是在早孕反应严重的孕早期，这让准妈妈倍感苦恼。

但其实爱吃可能是身体的需要。比如这两种常见的被准妈妈偏爱的食物：咸菜和炸薯条。这些食物含盐量高，这正是机体所需要的，而且它们能使准妈妈感到口渴，这样就会多喝水。或许这是机体知道它需要大量额外的液体来灌满像游泳池样的羊膜腔。

有些准妈妈会开始吃些在怀孕之前从来不喜欢的食物，这可能也是因为变化的身体需要吸收和怀孕前不同的营养。

而且，在整个怀孕期间，准妈妈爱吃的食物种类也会发生变化，这也可能是为了配合身体营养需求的变化。就像晨吐一样，准妈妈爱吃某些食物，也是在怀孕早期特别明显。

所以，一般来说，除非是实在太不健康的食物，准妈妈可以把想吃的食物当作身体的需要，适量吃一些解解馋，不要过量就好。

贴心提醒

如果准妈妈发现爱吃某种食物的欲望已超出自己的控制，最好把它们列出来，吃了多少？吃的次数有多少？再问问医生或营养师，看看自己吃的量是否对胎宝宝不利，如果专业人员提出劝告，准妈妈就得有所节制。

阅读胎教：故事《狐狸和猫》

胎教须知

各种主角是小动物的童话都是婴幼儿喜欢的，胎宝宝自然也喜欢，准妈妈温柔地、分角色、有感情地朗读这类童话，让胎宝宝知道这深情的声音是爱他的人，可以带给胎宝宝安全感。

更多了解

狐狸和猫

一只猫在森林里遇到一只狐狸,心想:"他又聪明,经验又丰富,挺受人尊重的。"于是它很友好地和狐狸打招呼:"嗨,尊敬的狐狸先生,您好吗?这些日子挺艰难的,您过得怎么样?"狐狸傲慢地将猫从头到脚地打量了一番,半天拿不定主意是不是该和它说话。最后它说:"哦,你这个倒霉的长着胡子、满身花纹的傻瓜,饥肠辘辘地追赶老鼠的家伙,你会啥?有什么资格问我过得怎么样?你都学了点什么本事?""我只有一种本领。"猫谦虚地说。"什么本领?"狐狸问。"有人追我的时候,我会爬到树上藏起来保护自己。""就这本事?"狐狸不屑地说,"我掌握了上百种本领,而且还有满口袋计谋。我真觉得你可怜,跟着我吧,我教你怎么从追捕中逃生。"

就在这时,猎人带着四条狗走近了。猫敏捷地窜到一棵树上,在树顶上蹲伏下来,茂密的树叶把它遮挡得严严实实。"快打开你的计谋口袋,狐狸先生,快打开呀!"猫冲着狐狸喊道。可是猎狗已经将狐狸扑倒咬住了。"哎呀,狐狸先生,"猫喊道,"你的上百种本领就这么给扔掉了!假如你能像我一样爬树就不至于丢了性命了!"

——选自《格林童话》

贴心提醒

准妈妈也可以让准爸爸给自己和胎宝宝讲这个故事,准爸爸讲故事时,准妈妈的情绪会更愉悦,不要怀疑,胎宝宝虽然小,但准妈妈的身心一定会影响到他。

阅读胎教：王维山水诗两首

胎教须知

唐诗中的很多山水诗、田园诗语言优美，诗中有画，有情有景，有动有静，最适合放飞想象力，无论是绝句还是律诗都朗朗上口，也最适用于母子互动，是胎教的好选择。

更多了解

《山居秋暝》

空山新雨后，天气晚来秋。
明月松间照，清泉石上流。
竹喧归浣女，莲动下渔舟。
随意春芳歇，王孙自可留。

《鹿柴》

空山不见人，但闻人语响。
返景入深林，复照青苔上。

情绪胎教：给自己减压

胎教须知

压力对于准妈妈的危害很大，很容易导致血压升高、胃肠道疾病等，同时还会殃及胎宝宝。准妈妈压力越大，对胎宝宝产生的负面影响越严重，一定要尽快调节。

更多了解

感觉有压力是很正常的，但准妈妈一定要试着去排解。遇事先分析引起压力的原因是很好的习惯，这样准妈妈所采取的措施才奏效，能很快释放压力。

如果是工作方面的压力，应尽量缩短工作时间，工作时间过长会加大压力。准妈妈每天工作时间不应超过8小时，还要避免上夜班，条件允许的话，感到疲劳时可稍休息，到室外呼吸一下新鲜空气，或换一下姿势。

休息时间做一些有益身心健康的活动，如做瑜伽、按摩、深呼吸等，这些活动能在短期内刺激身体的"放松反应"，包括降低血压、心率和呼吸频率，改善睡眠等，有助于缓解孕期的压力，对准妈妈和胎宝宝都有益。如果准妈妈能定期进行有益身心的活动，身体内还会释放出内啡呔和复合胺，可提高身体应对压力的能力。

多跟亲朋好友倾诉。人是社会动物，脱离了亲人和朋友很容易情绪低落，准妈妈应让自己包围在爱和支持中，扩大支持自己的亲人和朋友的范围，多与闺蜜、丈夫、同事聊天，在交流中获得的支持和信息会给自己提供安全感，对缓解压力非常有益。

运动胎教：孕妇操

胎教须知

孕妇操是专门为准妈妈设计的一套动作，准妈妈孕期经常练习，可以增加关节的灵活性，缓解腰背部酸痛，消除疲劳，还能愉悦心情。注意，准妈妈练习孕妇操重在循序渐进和持之以恒，刚开始练习的时候，一套动作重复3遍就可以了。后期等身体慢慢适应了，再适当增加练习次数。

更多了解

动作一：肩部运动

做法： 双腿分开站立，与肩同宽，双臂向体侧伸开，双手轻轻地搭在同侧肩膀上方，轻缓地让双肘向前、向后、向上、向下做绕环运动，慢慢地重复肘部绕环10次。

功效： 放松肩膀和背部肌肉。

动作二：扩胸运动

做法： 舒服地盘腿坐在地板上，让身体的重量由臀部承担，收紧小腹，提升上体，让自己更好地呼吸。然后将双手放在臀部两侧，肩部向后夹紧，肘部放松，感觉胸部在扩展，保持这个姿势6~8秒，然后放松。动作期间要保持呼吸均匀。

功效： 预防和缓解背部肌肉的疼痛，改善体态。

动作三：腰部运动

做法： 双腿站立，手扶椅背慢慢吸气，同时手臂用力，踮起脚尖使身体抬高，腰部挺直使下腹部紧靠椅背，然后慢慢呼气，手臂放松，腿还原。

功效： 减少腰酸背痛，并可增强会阴肌的弹性，从而使胎宝宝将来能顺利娩出。

动作四：腹部运动

做法： 跪在地板上，双手撑扶地面，两手分开的距离比肩略宽，大腿与小腿成90度角，收紧腹部肌肉，保持背部平直，并均匀地呼吸。保持此姿势4~6秒，然后放松肌肉，可重复8~10次。然后以相同的姿势开始，收紧小腹，弓起后背，低头，吸气，保持4~6秒，然后呼气，放松肌肉，回到初始状态。可重复8~10次。

功效： 加强腹部肌肉弹性，帮助承担胎宝宝的重量。

动作五：盘腿运动

做法： 盘腿对脚而坐，挺直腰背，两脚掌尽量合上，将足跟向内侧拉，同时缓慢降低两膝。

功效： 拉伸大腿与骨盆的肌肉，改善分娩时的体位，使胎宝宝在分娩时能顺利通过产道，同时保持骨盆柔韧性，增强下身的血液循环。

动作六：腿部运动

做法： 双脚站立，双手轻扶椅背，左腿固定，右腿略抬起，随脚尖慢慢尽量旋转至180度，做完后还原，再换腿继续做。

功效： 加强骨盆肌肉的韧性，增加会阴肌的弹性，对分娩有帮助。

艺术胎教：名画《松林的早晨》

胎教须知

欣赏经典名画、字帖等艺术作品，能让准妈妈获得美的熏陶，并将这种熏陶间接地传递给胎宝宝，从而促进胎宝宝发育。

更多了解

我们一起来欣赏名画《松林的早晨》吧。这是19世纪俄国巡回展览画派最具代表性的风景画家伊凡·伊凡诺维奇·希施金（1832—1898年）为我们展示的美景。

清晨，阳光穿透万物之际，美丽的大森林醒来了。清新湿润的空气，青苔的芳香，渐渐淡去的朝雾，树缝隙间穿插的阳光……在这凉爽、清静大森林中，熊妈妈带着她的熊宝宝们在玩耍、逗趣。

贴心提醒

这静静的松林中，熊妈妈一家在开心地享受大自然的美好。等胎宝宝出生后，准爸妈也要带着他一起去亲近大自然哦。

美育胎教：插花

胎教须知

插花是一门与插花人的喜好和欣赏风格关系密切的艺术，准妈妈完全可以根据自己的风格插出自己的作品来。孕期插花可以帮助准妈妈宁心静绪、培养情操，是特别好的胎教方式，在周末闲着无事时，准妈妈不妨试一试哦。

更多了解

蔬果插花

材料：柿子椒一个（或苹果、番茄等），花泥一块，牙签数支，樱桃数个，满天星数枝，小雏菊数朵（或其他鲜花）。

步骤：

1. 将柿子椒横刀切成两半，泡一小块花泥。
2. 将泡好的花泥切成略小于柿子椒横切面的大小，用牙签固定在两半柿子椒的中间。

❸将修剪好的满天星转圈围插到柿子椒四周的花泥中,再将樱桃插入花泥,最后插入小雏菊,注意插花时要用花朵将花泥遮挡起来。

纸筒插花

材料: 废弃纸筒一个(茶叶筒、饼干筒等),试管数支(可用玻璃杯代替),小菊花数枝,龟背叶两片(可用栀子花叶代替)。

步骤:

❶将装好水的试管一一放进纸筒里,装满纸筒为止。

❷将修剪好的小菊花一一插入试管中,摆出自己喜欢的造型。

❸将龟背叶插放到小菊花枝叶间,遮住纸筒口,调整到看不到试管。

贴心提醒

插花用的花泥泡水时不要用手压,让它自然吸水下沉即可。

优境胎教:不要对不良胎梦耿耿于怀

胎教须知

在孕期,不少准妈妈都会做一些关于胎宝宝的梦,尤其是在不知孕情的怀孕初期做了一些对孕育不利事情的准妈妈,更易做不良胎梦。面对不良梦境,准妈妈要摆正心态。

更多了解

胎梦和一般的梦一样,也是准妈妈自然而然做出来的梦。只是正处于怀孕之时,准妈妈的注意力大多集中在胎宝宝身上,所以对梦境格外敏感,也记得更清楚,再加上孕期身体和心理上的变化,做梦可能较常人要频繁。

胎梦其实是一片心理释放之地,胎梦中之事,大多反映了一些准妈妈需要考虑或关注的事情,比如:梦见自己不能喂宝宝,很可能反映了准妈妈担心自己不知道怎样照顾刚出生的宝宝。

学会交流,放松心情

准妈妈不妨把胎梦讲给家人或好朋友听,将自己的担忧说出来,还可以根据胎梦中的意象,结合平时的生活,检视自己的所思所想,主动而客观地去与自己的胎梦沟通。

❶将孕期所做胎梦用文字记录下来。

❷同时记下胎梦里的感觉或情绪。

❸ 凭自己的感受展开自由联想与象征隐喻。
❹ 回想并写下做胎梦之前的相关生活细节。
❺ 将胎梦、感觉、梦境隐喻、自由联想的结果与生活脉络相对应。

充实自己的生活

如果工作不算忙碌，那么准妈妈最好坚持工作。不少准妈妈怀孕后就辞去了工作，十分闲暇，其实，过于闲暇正是胡思乱想的催化剂，而忙碌恰恰剥夺了头脑"跑偏"的机会。

如果辞职在家专门养胎，准妈妈要学会充实自己，培养兴趣爱好，使生活充满色彩。一本好书、一首优美的交响曲、一个讲给胎宝宝听的故事、一段记录下的逸闻趣事，都可以作为充实自己的内容。

贴心提醒

没有上班的准妈妈也可以在孕期报1~2个兴趣班，比如画画、乐器等，这些都能帮准妈妈放松心情。

意念胎教：贴一张可爱宝宝照

胎教须知

准妈妈经常看、经常联想漂亮宝宝，有利于胎宝宝的生长发育。

更多了解

能够拥有一个健健康康、漂漂亮亮的宝宝，是所有爸爸妈妈的心愿。为了更好地实现这个心愿，很多家庭都会从画报、挂历、图片中找出一张最喜欢的幼儿画像，挂在卧室里醒目处或者床头。准妈妈在看漂亮宝宝的照片时，会觉得赏心悦目、心情愉悦。这种好心情，会通过准妈妈的神经传导给胎宝宝，不但会给胎宝宝安全感，还有利于改善胎盘供血量，促进胎宝宝健康发育。

贴心提醒

准妈妈还要经常想象一些美好的事物，如名画、风景、优美音乐、文学作品和影视中美好的镜头等，使自己常处于一种愉快的心境中。

准爸爸胎教：对弈

胎教须知

下棋是一种有益智力的运动，能使人闪耀智慧的火花，是培养思维能力的高雅运动。下棋也被人们形象地称为"智慧体操"，这种"智慧体操"可常做。

更多了解

对弈在我国古时候是指下围棋，现在我们将下棋统称为对弈。自古以来，琴棋书画就是我国传统的四大文化艺术，棋也是衡量人素质与修养的标准之一。对弈的好处多多。

锻炼智慧： 对弈时，在不断遇见和解决问题的过程中，能使大脑得到良好的锻炼。

增进记忆： 对弈时对盘局的记忆训练可提高记忆能力。

陶冶性情： 对弈过程中，要集中精神，静心定气，有助于思想品德的锻炼。

如果准爸爸对下棋有更多的兴趣，更了解下棋的规则和战术，但准妈妈以前不经常下棋，那准爸爸就多和她对弈吧。不要因为准妈妈下得不好而取笑她，多点耐心，输赢不重要，重要的是准爸爸可以在下棋的过程中付出更多的关爱。无论是耐心，还是富有爱意的指点，都更有利于准妈妈动脑。

至于下哪种棋，则可根据准爸爸和准妈妈的喜好选择，围棋可以，象棋也不错，跳棋、五子棋等也很适合闲暇时玩几盘。

贴心提醒

孕4月是对胎宝宝进行适当脑部刺激的好机会，准妈妈需要多多动脑，帮助胎宝宝开发潜能。玩益智游戏是很不错的方法，除了对弈，九宫格游戏、猜谜游戏等都可以时常玩一玩。

孕5月

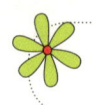

胎宝宝新变化

胎动出现并逐渐频繁

胎动须知

胎宝宝的胳膊和腿已经与身体的其他部分成比例了,看起来很协调。孕5月是胎宝宝感官发育的关键时期:胎宝宝的大脑开始划分出嗅觉、味觉、听觉、视觉和触觉的专门区域,此时神经元数量的增长开始减慢,神经元之间的连通开始增加。

更多了解

● 胎动出现并变得频繁

孕5月,大部分准妈妈会感觉到胎动的出现,准妈妈可以记录下第一次胎动的时间,下次去医院体检时告诉医生。随着胎宝宝的发育,胎宝宝的动作更加协调,手脚和身体活动更频繁,他会经常抓着自己的脐带玩耍,还会拳打脚踢,准妈妈会明显感受到胎动。通过B超,准妈妈可以看到胎宝宝吸吮、踢腿、抓脐带的动作。

● 建立大脑信息网络

胎宝宝的脑部开始建立大脑信息网,增强记忆与思维功能。神经和肌肉之间的联系也已经建立,当肌肉受到刺激收缩和舒张时,胎宝宝的肢体就可以围绕关节运动。

胎宝宝的大脑继续发育,大脑的两个半球不断扩张,逐渐接近仍在发育的小脑,小脑两个半球也正在形成,正是胎教的好时机。

● 听力发育,更偏爱准妈妈的声音

胎宝宝的听力发育,他听到的声音主要有准妈妈的血液流过血管的声音、胃部消化的杂音、心脏跳动的声音,以及准妈妈说话的声音。研究显示,胎宝宝会学习分辨准妈妈与其他人的声音,并且会显示出对准妈妈的声音的偏爱。即当准妈妈说话时,他的心跳会减慢,说明胎宝宝放松下来了。准妈妈和准爸爸多和他说说话,可以增加一家人的亲密感。

● 形成一定的睡眠规律

胎宝宝会时睡时醒了。如果准妈妈感觉某段时间胎动减少了，那很有可能是胎宝宝睡着了。了解胎宝宝的睡眠规律将更利于准妈妈把握胎教的时间。

● 可以看出性别了

如果准妈妈腹中的胎宝宝是个女孩，她的子宫和输卵管已经形成，并且已各就各位。如果是男孩，可以通过B超看到他的生殖器了，但他可能会遮起来不让看哦。耐心地等待吧，宝宝出生的时候会带给准妈妈惊喜的。

贴心提醒

子宫的迅速增大会不断拉伸支撑子宫的韧带——圆韧带，这会让准妈妈身体的一侧或两侧偶尔会出现短暂的刺痛感觉，这是正常现象；但准妈妈如果痛得厉害，就需要去咨询医生了。

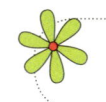

胎教新知

胎动的感觉

胎教须知

胎动是胎宝宝存活的标志之一。感受胎动，是准爸妈监护胎宝宝发育和健康状况的手段之一，也是家庭生活中的亲子关系开始逐渐形成的表现。

更多了解

胎动最初的感觉可能像蝴蝶振翅或像爆米花爆开一样，非常神奇。随着胎宝宝的成长，胎动会逐渐明显起来，准妈妈会更加频繁地感知到。

第一次感觉到胎动，每个准妈妈的感受都可能不太一样：

像小鱼吐泡泡，我感觉肚子里像养了条泥鳅；

第一次胎动还以为自己要拉肚子了，怎么里边"咕噜噜"的，非常明确能感觉到的是踢、拉这种动作，突然肚子动了一下，我刚开始还纳闷以为自己饿了，过一会儿又动了几下，才知道是胎动；

拿不准像小鱼在游一样的感觉是不是胎动，然后一天下午肚子中间被"咣咣咣"踹了三脚，都把我踹懵了。

第一次感受到胎动的时间也不尽相同，有早有晚，大部分准妈妈在孕17～19周时会明确，原来这就是胎动啊！

数胎动次数对监测胎宝宝的健康很有意义，从发现有胎动开始，可以每天早晨、午后、晚上各数一次，每次数1小时，然后将3小时的胎动次数相加乘以4，即可代表12小时的胎动次数。

胎动次数一天有两个高峰，一个在下午7时至9时，另一个是在午夜11时至凌晨1时，早晨胎动次数最少。一般正常胎动为20～30次／12时。

贴心提醒

出现胎动时，准爸爸也要去感受一下，有助于增进父子之间的感情。将两手掌放在准妈妈的腹壁上，可感觉到胎宝宝有伸手、蹬腿样的活动。

胎宝宝外貌会获得什么遗传

胎教须知

从遗传学的角度来讲，准爸爸和准妈妈外貌的一些"精华"都会留给胎宝宝！但也有的准爸爸或准妈妈遗传基因特别"强悍"，胎宝宝可能会继承准爸妈中一方的绝大部分外貌特征，像复制一样。

更多了解

神奇的亲子遗传会让父母在宝宝身上看到自己的影子，猜一猜宝宝会选择你们的哪些特征来复制呢？

大眼睛：眼形是遗传的，而且大眼睛相对小眼睛是显性遗传。如果父母一方是小眼睛，而另一方是大眼睛，生下大眼睛宝宝的可能性非常大。

双眼皮：双眼皮是显性基因，如果父母都是双眼皮，那宝宝大概率是双眼皮了。有的宝宝可能出生时看起来像单眼

皮，随着年龄的增长也会变。如果父母中一方是双眼皮，那宝宝是双眼皮的概率也大。

长睫毛：长睫毛属于显性遗传，如果父母的睫毛长，宝宝也将是长睫毛。

鼻梁：如果父母中有一个的鼻梁是挺直的，胎宝宝的鼻梁很有可能符合父母的期望。

贴心提醒

想象一下胎宝宝的小模样吧，并将其画下来，或者用自己的话来描述一下，以后再回过头来看一定别有一番趣味。准妈妈也可以对着漂亮宝宝的照片，说说你对胎宝宝的期望，这也是一种很好的美学胎教。

智力不会百分百遗传

胎教须知

一般父母智力较高的，其子女智力也高；父母智力较低的，子女智力也比较低。目前的研究表明：智力的遗传率为60％。同时这也意味着有40％的智力水平归功于后天环境差异。

更多了解

德国科学家曾对1万名儿童的智力进行调查，结果发现，父母智力为优秀者，其子女70％的智力为优秀；父母智力偏低者，70％的子女智力也是偏低的。如果是同卵双胎的孩子，他们的智力往往比较接近。

人们发现，天才往往具有家庭聚集性，我国历史上的"三苏"在文学上都有很深的造诣。

不管智力与遗传的关系有多密切，环境因素仍影响着智力，遗传只是智力的潜在值，而不是智力的绝对值。

遗传为智力的发育提供了潜在的物质基础，只有在环境因素的作用下，特别是后天、早期、良好的、适时的教育刺激下，才能充分开发智力的潜力。

斯瑟蒂克胎教法培养出来的四个孩子，无一例外都成了高智力的天才，而他们的父母均是智力一般的普通人，这说明胎教对智力的影响是积极而有效的。

贴心提醒

遗传给予孩子聪明的机会，孕期营养给予了孩子聪明的基础，而后天培养则是孩子聪明的关键。

胎教不仅是技术，更是一种态度

胎教须知

就胎教效果而言，准妈妈对待胎教的态度以及胎教过程中的情绪是影响极大的。在进行胎教时，教什么，教多少，教到什么时候，这些并没有规定，时间充裕的人可以教更多的东西，而没有时间的人只反复教字母和算术也并非不可，但不管时间多或少，不可缺少的是准爸妈的爱。

更多了解

母子之间是心心相印、彼此影响的。胎宝宝在母体内不仅看到、听到、感觉到很多东西，而且还能领会到准妈妈的感觉。很多准妈妈都有这样的体会，当自己非常生气或十分恐惧的时候，胎宝宝就会用力踢自己的肚子；当自己闷闷不乐时，平时很活跃的胎宝宝也像没有力气一样不活动了。

如果准妈妈把注意力集中在胎宝宝身上，保持一种安详和稳定的情绪，那么准妈妈说的话、想教胎宝宝的东西就更易被胎宝宝接受。

在怀孕期间，准妈妈可以为将要出生的宝宝做些物质上的准备。由于这时还不知道是男宝宝还是女宝宝，所以可以用中间色的布和线来为未来的宝宝缝制和编织一些小衣服、小袜子等。做这些事情，能使准妈妈获得一种即将成为母亲的真情实感："啊，我的宝宝就要出生了。"准妈妈会感到对胎宝宝的爱是那样的深沉，从而使母子之间的纽带连接得更加紧密。

胎宝宝会领会准妈妈对他的深深的爱，并知道自己是在一个十分安全可靠的地方。这一切都给了胎宝宝向未来世界迈出第一步的勇气和力量。

贴心提醒

准妈妈要经常以一种安详和稳定的情绪，保护这个小生命，直到他来到这个世界。只有这样，胎宝宝才能安心地倾听准妈妈的话，学到更多的东西。

语言胎教可为后天学习能力打好基础

胎教须知

准妈妈或家人用文明、礼貌、富有感情的语言，有目的地对子宫中的胎宝宝讲话，给胎儿的大脑皮质输入最初的语言印记，为后天的学习打下基础，称为语言胎教。

更多了解

语言胎教可采用以下形式。

❶ 日常生活语言诱导。例如，可给胎宝宝起好名字，每天反复对胎宝宝讲日常生活语言。对话随时随地都可以进行，如准妈妈在开始做家务前，可以先抚摸一下腹部，跟胎宝宝说："宝宝，现在我们开始做家务了。"然后，做好必要的防护措施，如戴上胶手套、口罩，穿上防滑鞋等，这些也都可以跟胎宝宝说。

❷ 系统性语言诱导。例如，儿歌、童谣，分阶段、由浅入深地进行。如给胎宝宝讲故事，准妈妈可以选一则自己认为读来非常有意思、能够感到身心愉悦的儿童故事，将作品中的人、事、物详细清楚地描述出来，如太阳的颜色、房屋的形状、主人公穿的衣服等，让胎宝宝融入故事描绘的世界中。

做语言胎教要注意以下两点。

❶ 语言胎教可从怀孕4~5个月开始，每天定时刺激胎宝宝，每次时间不宜过长，1~3分钟即可。不要讲太复杂的句子，最好每次都以相同的词句开头和结尾，以加深记忆，这样循环发展，不断强化，效果会很好。

❷ 在"对话"时，环境一定要保持安静，避免给胎宝宝带来噪声，就是拿放物品都不要出声太大，不要用力摔门或摔物品，以免产生突发性的噪声刺激胎宝宝，引起胎宝宝的惊吓反应。

贴心提醒

给胎宝宝读故事时，要避免过于暴力的主题和太过激情、悲伤的内容，选定故事内容之后，设定每天的"读故事时间"，最好是准爸爸和准妈妈两人每天各读一次给胎宝宝听，借读故事的机会与胎宝宝沟通、互动。

胎教正当时

情绪胎教：不要因为妊娠纹忧虑

胎教须知

妊娠纹实际上是皮肤在快速膨胀的时候超过自身的弹性限度，皮下组织中的纤维组织及胶原蛋白纤维因此而断裂形成的纹路。实际上，约90%的准妈妈在孕期都会出现不同程度的妊娠纹，除腹部外，它还可延伸到胸部、大腿、背部及臀部等处。

更多了解

随着胎宝宝的快速生长，准妈妈腹部渐渐隆起，出现妊娠纹是很多准妈妈都会遇到的情况，可以提早做好预防，减缓或减少妊娠纹的产生，让自己成为那10%里不长妊娠纹的幸运准妈妈。

首先要摄取均衡的营养，多吃新鲜水果、蔬菜、谷物和坚果，多喝水，提高细胞膜的通透性和皮肤的新陈代谢，改善肤质，帮助皮肤增强弹性。

还要控制体重增长的速度。整个怀孕过程应控制体重增加在10～12千克，适度摄入脂肪、碳水化合物，避免体重增长过快出现妊娠纹。

另外做适度的运动。孕中期是恢复运动的最佳时机，而游泳等运动对于增加皮肤弹性很有好处，能促进新陈代谢，消耗多余脂肪。

有些专门防治妊娠纹的护肤品含有加强皮肤弹性的成分，形成妊娠纹后可坚持使用来修复和淡化。准妈妈选择产品时要以安全、温和为主。准妈妈也可以每天用小麦胚芽油或杏仁油在沐浴后按摩皮肤，增加皮肤弹性。

贴心提醒

妊娠纹与遗传、个人体质、体重增长速度都有关系，如果准妈妈的母亲留下了很深的妊娠纹，或者自己本身体质易长妊娠纹的话，要加倍下功夫去预防。

语言胎教：跟胎宝宝说拟声词

胎教须知

宝宝喜欢说儿化语和重叠的字音，这是婴幼儿语言发展的特点。通常来说，拟声词更容易被宝宝记住，宝宝学得也快。同样的，这些字音也适合胎教，准妈妈就从拟声词开始语言胎教吧。用拟声词可以很形象地描述事物，有效锻炼胎宝宝的大脑。

更多了解

● 读儿歌《我爱我的小动物》

我爱我的小动物

我爱我的小羊，
小羊怎样叫，
咩咩咩咩咩咩，咩咩咩咩咩；
我爱我的小猫，
小猫怎样叫，
喵喵喵喵喵喵，喵喵喵喵喵；
我爱我的小鸡，
小鸡怎样叫，
叽叽叽叽叽叽，叽叽叽叽叽叽；
我爱我的小鸭，
小鸭怎样叫，
嘎嘎嘎嘎嘎嘎，嘎嘎嘎嘎嘎；
我爱我的小狗，
小狗怎样叫，
汪汪汪汪汪汪，汪汪汪汪汪。

胎教同步指导专家方案

● 动物们都是怎么叫的呢

上文的儿歌中模拟了几种小动物的叫声，生活中还会见到许许多多的小动物们，它们的叫声，准爸妈也可以学一学。

母鸡怎样叫： 咯咯咯
公鸡怎样叫： 喔喔喔
麻雀怎样叫： 喳喳喳
小牛怎样叫： 哞哞哞
小猪怎样叫： 噜噜噜、哼哼哼
鸽子怎么叫： 咕咕咕
老鼠怎么叫： 吱吱吱
青蛙怎么叫： 呱呱呱
蜜蜂怎么叫： 嗡嗡嗡

● 生活中其他的声音

除了动物会发声外，一些自然现象以及日常生活中每天也会听到许多声音，它们都是可能被胎宝宝听到的。

下雨声： 淅沥沥淅沥沥
打雷声： 轰隆隆轰隆隆
水流声： 哗啦啦哗啦啦
汽车声： 嘀嘀嘀嘀嘀嘀
火车声： 呜——呜——
飞机声： 隆隆隆隆隆隆
自行车： 丁零丁零丁零
救护车： 哎哟哎哟哎哟
警笛声： 滴嘟滴嘟滴嘟

烧柴声： 噼啪噼啪噼啪
钟表声： 滴答滴答滴答
电话声： 铃铃铃铃铃铃
喝水声： 咕噜咕噜咕噜
敲门声： 咚咚咚咚咚咚
拍球声： 砰砰砰砰砰砰
风铃声： 叮当叮当叮当
门铃声： 叮咚叮咚叮咚

✿ 语言胎教：《燕诗示刘叟》

❀ 胎教须知

白居易的诗歌用词平白浅近，自然质朴且生动，很少有深奥的典故很容易理解，读起来也是朗朗上口，准妈妈可以试着多背诵几首这样的诗歌，提升记忆力。

更多了解

燕诗示刘叟

梁上有双燕，翩翩雄与雌。衔泥两椽间，一巢生四儿。
四儿日夜长，索食声孜孜。青虫不易捕，黄口无饱期。
觜爪虽欲敝，心力不知疲。须臾十来往，犹恐巢中饥。
辛勤三十日，母瘦雏渐肥。喃喃教言语，一一刷毛衣。
一旦羽翼成，引上庭树枝。举翅不回顾，随风四散飞。
雌雄空中鸣，声尽呼不归。却入空巢里，啁啾终夜悲。
燕燕尔勿悲，尔当返自思。思尔为雏日，高飞背母时。
当时父母念，今日尔应知。

——作者 唐代白居易

白居易在诗中描述了燕子爸妈不辞劳苦，细心地喂养大了四只小燕子，而小燕子却在羽翼丰满之后不顾燕子爸妈的呼叫，飞离了巢穴，头也不回地远去，留下父母整夜悲鸣。这首诗是白居易写给一位姓刘的老头的，老头疼爱的孩子也离开了他，这让刘老头感觉很悲哀。但刘老头在年轻时也是这样离开父母的。

正所谓养儿方知父母恩，直到自己孕育孩子之后，才能更深刻地理解当年父母对自己的种种无私疼爱，这种情感上的新认知，会让准爸爸和准妈妈对自己的父母开始有全新的理解，而相似的孕育经历能让准爸爸和准妈妈和自己的父母心灵更加贴近。

贴心提醒

不是每个家庭都过着同一个模式的生活，也不是人人都喜欢同一样东西，但正因为事物的不雷同、不完美，才显得有趣，才会让人对某种事物产生特别的钟爱之情，仿佛那就是为准妈妈而存在。如果准妈妈有自己钟情的事情，无论是手工、绘画、阅读，还是音乐、美食等，只要不妨碍安全，都不妨在孕期坚持做，这会令准妈妈在孕期感到很愉悦。

语言胎教：故事《小熊过桥》

胎教须知

《小熊过桥》的故事中，小熊是个乖巧可爱的小宝宝，讲故事时，准妈妈可以想象胎宝宝就是熊宝宝，从害怕到勇敢，将自己对熊宝宝的转变有感情地传达给腹中的胎宝宝。

更多了解

小熊过桥

有一只小熊对妈妈说："妈妈，我好些日子没看见姥姥了，我想去看看姥姥。"

妈妈说："好啊，你去的时候，把咱们那束鲜花给姥姥带去，把那一包点心也给姥姥带去！"

小熊抱起点心盒子，拿起那束鲜花，说："妈妈，我走了！"

妈妈说："好，早去早回来，替我问姥姥好！"小熊说："哎，妈妈再见！"说着就走了。小熊走着走着，来到一条小河边上。河上有一座桥。这桥是用竹子搭的，小熊走到上面就不敢动了，因为走起来左一摇右一晃的，河水还在下边"哗哗"地响哩！

小熊正害怕，天上飞过来一只乌鸦。这乌鸦不但不帮助小熊，还吓唬他。乌鸦高声喊道："呱——呱——呱——坏啦，坏啦！你们瞧啊，小熊要掉下河啦，小熊要掉下河啦！"

小熊本来就害怕，被乌鸦这一吓唬，就更不敢动了。他低头一看河水，河水也在笑话他："哗哗哗哗，小熊小熊，你怎么这么不勇敢哪，小竹桥都不敢过！这么胆小，太没出息啦，太没出息啦！"

小熊一想：乌鸦吓唬我，河水笑话我，这，这可怎么办呢？小熊着急得哭着叫："妈妈，妈妈，快来呀！"可是，妈妈离这儿远哪，听不见呀。

熊妈妈听不见，可是水里的小鱼儿听见了，他们"扑噜，扑噜"从水里钻出头来，对小熊说："小熊，小熊，你别害怕，把眼睛往前瞧，别往水下看，你挺起胸，直起腰，迈开步，一二，一二，就过去啦！"

小熊听小鱼儿的话，抬起头，眼睛向前看，挺起胸，直起腰，迈开步，一二，一二！嘿，真过去了。

> 过去以后，眼泪还没干，小熊就高兴地笑了。小熊回过头来，冲着小鱼儿直点头："小鱼儿，小鱼儿，谢谢你们了，再见吧！"
>
> 小鱼儿一看小熊平平安安地过去了，都挺高兴，"鼓儿，鼓儿"，全都钻到水里去了。

贴心提醒

虽然准妈妈说的话胎宝宝还听不懂，但准妈妈在讲话过程中那种情绪可以感染到他，勇敢、快乐、坚定等等这样的情绪会让胎宝宝身心愉悦。

营养胎教：科学饮食，避免变成"糖妈妈"

胎教须知

妊娠糖尿病最明显的症状是"三多一少"：吃多、喝多、尿多，但体重减轻，还伴有呕吐，另外一个常见的症状是疲乏无力。进入孕中期后，准妈妈更要多注意是否有类似的问题，积极咨询检查，避免延误诊治。

更多了解

怀孕后随着孕周的增加，不断增多的雌、孕激素促使机体分泌更多的胰岛素保持正常的糖代谢，一些对胰岛素代偿能力差的准妈妈可能会出现糖代谢异常或者胰岛素敏感性不够，一些准妈妈有糖尿病家族史，还有一些准妈妈营养过度、运动缺乏，这都是准妈妈成为"糖妈妈"的诱因。

妊娠糖尿病除了危害准妈妈的健康如容易并发妊娠高血压，容易患感染性疾病，容易导致羊水过多、胎膜早破、早产，严重的还可能发生酮症酸中毒，威胁生命，同时对胎宝宝发育也不利。

❶ 可导致流产、胎儿生长受限、畸形儿、巨大胎儿及低出生体重儿的概率增加。

❷ 可能出现新生儿高胆红素血症、低血糖、呼吸窘迫综合征等多种新生儿并发症。

所以，建议准妈妈在怀孕第24～28周时进行糖尿病筛查，超过35岁、肥胖、有糖尿病家族史、有不良孕产史的准妈妈属于高危人群，需要更早进行糖尿病筛查。

筛查时，要先做口服50克的葡萄糖筛检，如结果提示阳性，则应进一步做75克口服葡萄糖耐量试验，测出空腹、餐后1小时、2小时的血糖浓度，若发现其中任何一项血糖值达到或超过标准值时，则可能为妊娠糖尿病，血糖浓度标准值如下：

时间	血糖浓度（毫摩尔/升）
空腹	<5.1
餐后1小时	<10.0
餐后2小时	<8.5

如果确诊患病，糖妈妈首先要做的是控制饮食，饮食可直接关系到治疗的效果，日常需要注意的是：

❶ 控制碳水化合物摄入量，大米、面粉、小米等主食一般每日控制在250~400克。

❷ 注意蛋白质、脂肪摄入量，蛋白质每日每千克体重进食1克，脂肪以植物油为主，每日每千克体重进食约1克。

❸ 多吃新鲜蔬菜，如番茄、黄瓜、小白菜、菠菜、芹菜、冬瓜、韭菜、甘蓝等。

❹ 有限制地吃水果，水果应选择含糖量低的，如梨、橘子、猕猴桃等。

❺ 饮食以清淡为宜，肥腻、辛辣、刺激类食物要尽量避免，拒绝食用糖精等人工甜味剂。

❻ 少食多餐，每日进食5~6次，且定时、定量。

如果饮食控制后血糖仍高于理想水平，或出现饥饿性酮症，要及时看医生，配合医生的治疗。

贴心提醒

如果家族没有糖尿病病史，准妈妈在孕前也没有糖尿病，而患了妊娠糖尿病，那么分娩后，一般可恢复正常，不过仍有部分准妈妈会在分娩后仍持续高血糖，因此产后仍要密切监测血糖并坚持治疗。

营养胎教：补铁

胎教须知

怀孕期间，准妈妈的血容量可以增加1 450毫升左右，但增加的主要是血浆，能够携带、运送氧气的红细胞并不能按照相同的比例增加，可以说血液是被稀释了，红细胞显得特别不足，而铁是构成红细胞的主要原料，所以准妈妈孕期对铁的需求量非常大。

更多了解

补铁首要的是要多吃补铁的食物，含铁食物很多，比如小麦、黄豆、绿豆、蘑菇、木耳、瘦肉、鸡蛋、动物肝脏、动物血、黑芝麻、花生、绿叶蔬菜、紫菜等，相对来说，瘦肉、禽和鱼中富含更容易被准妈妈的身体吸收的铁，是最好的补铁食物。为防缺铁，准妈妈要合理膳食。

膳食中的铁的吸收利用率仅为10%～40%，仅仅依靠膳食供给，铁的摄入量并不能满足要求，所以需要用适量铁剂作为补充。

为促进铁的吸收利用率，在补充铁时，要注意摄入充足的叶酸、维生素B_{12}和维生素C。预防或纠正缺铁时的叶酸补充量要比预防胎宝宝神经管缺陷时所用剂量大，具体要咨询医生。医生也可能建议服用维生素、铁剂和叶酸的复合制剂。

同时吃些富含维生素C的食物，如橙汁、草莓或西蓝花等，富含维生素C的食物有助于铁的吸收，帮助准妈妈补铁。

补充铁剂的量要遵医嘱，过量虽然不会造成严重危害，但容易引起便秘。

营养胎教：每天吃一些坚果

胎教须知

对于大脑的发育来说，需要的第一营养成分是脂类（不饱和脂肪酸）。坚果大多含有丰富的油脂，还含有优质蛋白质和十几种重要的氨基酸。这些氨基酸都是构成大脑神经细胞的主要成分，同时，坚果还含有对大脑神经细胞有益的维生素。无论是对准妈妈，还是对胎宝宝，坚果都是补脑、益智的佳品。

更多了解

核桃、花生、葵花子、松子、榛子、开心果、腰果、板栗等坚果都适合准妈妈食用，准妈妈可以准备一些，每天吃一点。一般建议每天吃大约10克即可，因为坚果中的脂肪较多，准妈妈本身肠胃就弱，吃了容易消化不良，甚至出现"脂肪泻"，适得其反。

有些准妈妈会讨厌坚果的味道，这时候，准爸爸可以想一些办法，例如把坚果研成末，拌在凉菜里或做成各式各样的点心，让准妈妈爱吃。

贴心提醒

准妈妈要少吃炒制和盐焗坚果，否则容易上火，尤其到孕中、晚期，过多的钠盐摄入还会导致水肿和妊娠高血压综合征。

音乐胎教：歌曲《康定情歌》

胎教须知

《康定情歌》是中国传统的民歌，曲调欢快，情景开阔，朗朗上口，叠词不停重复出现，也是适合胎教的一首歌曲。准妈妈和准爸爸不妨来上一段，欢乐的曲调不但能感染自己，还可以感染腹中的胎宝宝哦。

更多了解

康定情歌

跑马溜溜的山上，
一朵溜溜的云哟
端端溜溜的照在，
康定溜溜的城哟
月亮～弯～弯～，
康定溜溜的城哟
李家溜溜的大姐，
人才溜溜的好
张家溜溜的大哥，
看上溜溜的她哟
月亮～弯～弯～，
看上溜溜的她哟

一来溜溜地看上，
人才溜溜的好哟
二来溜溜地看上，
会当溜溜的家哟
月亮～弯～弯～，
会当溜溜的家哟
世间溜溜的女子，
任我溜溜地爱哟
世间溜溜的男子，
任你溜溜地求哟
月亮～弯～弯～，
任你溜溜地求哟

贴心提醒

这首民歌流行度很广，经久不衰，大部分准爸爸和准妈妈都会唱，唱这首歌时准妈妈想起了年少时候的什么故事呢，准妈妈可以跟准爸爸分享一下那些藏在记忆里的美好哦。

艺术胎教：电影《放牛班的春天》

胎教须知

《放牛班的春天》是一部传达爱意的影片，教人学会爱，教人感受爱，准妈妈不要错过这部影片，让胎宝宝跟自己一起学会爱、感受爱。影片语言是法语，风格柔和、优美，对胎宝宝来说也是一种不一样的感受。

更多了解

很多准爸爸不知道怎样才能参与到胎教中，其实陪着准妈妈看一场有意义的、温暖的电影，就是很美好的胎教。准爸爸可以帮助准妈妈选择好电影，然后跟准妈妈一起坐在沙发上静静欣赏。

即使看过《放牛班的春天》这部电影的准妈妈也一定不会排斥再重温一遍这部经典影片，没看过这部电影的准妈妈更应该看看。春天早就在那儿，等候着我们到达，它不是谁能够送给谁的，如果我们迷了路，最需要的将是一位微笑的领路人。

影片基本信息

导演：克里斯托夫·巴拉蒂

编剧：克里斯托夫·巴拉蒂 / 菲利普·洛佩斯·屈伯尔

主演：杰拉尔·朱诺 / 弗朗西斯·贝尔兰德 / 让-巴蒂斯特·莫尼耶 / 玛丽·布奈尔 / 凯德·麦拉德 / 雅克·贝汉

片长：97分钟

电影简介

音乐家克莱门特到了一间外号叫"塘低"的男子寄宿学校当助理教师，学校里的学生大部分都是难缠的问题儿童，性格沉静的克莱门特尝试用自己的方法改善这种状况，他重新创作音乐作品，组织合唱团，决定用音乐来打开学生们封闭的心灵。

电影中的音乐非常好听，孩子们的声音天然而纯净，在这个影片中，我们可以看到音乐的力量，即使是最简单的音乐，也可能改变一个人的生活。

贴心提醒

为追求最佳的观影效果，有的准妈妈希望到电影院去看，建议准妈妈在孕早期和孕晚期别这么做，电影院声响效果太强，对胎宝宝不利，若实在想去，一定要做好隔音措施，一旦胎动强烈，应及时退出。

自然胎教：亲近自然之美

胎教须知

大自然是无限美妙的，日月星云、山水花鸟、草木鱼虫、园林田野等，这些都是大自然引人入胜的杰作。在大自然中，人很容易就被感动、被吸引，激荡起对生命的希望，同时，呼吸新鲜空气也有利于胎宝宝的大脑发育，因为大脑需要充足的氧气和丰富的刺激。

更多了解

大自然幽静、清爽、舒适，令人赏心悦目，在亲近大自然的时候，要记得告诉胎宝宝自己看到了、闻到了什么美丽的事物，将内心的感受描述给腹内的胎宝宝，如深蓝色的天空、翩翩起舞的蝴蝶、歌声悦耳的小鸟、沁人肺腑的花香等，让胎宝宝感受到，大自然是我们旷达而亲切的母亲，任何时候，它都是我们心灵的宁静港湾。准妈妈常常亲近大自然，日后宝宝也会更宽容、心胸开阔，惹人喜爱。

早上起床后，如果天气不错，不妨到有树林或者草地的地方去散散步，走一走，感受一下大自然带来的最清新的感觉，呼吸一下新鲜的空气，在欣赏秀丽的大自然景色的同时，充足的氧气能使血液更加新鲜，胎宝宝会像喝足水的庄稼一样高兴起来，就如同他也亲眼看到了美丽的大自然一样。

贴心提醒

新鲜的空气对人是至关重要的，对极度敏感的胎宝宝来说，则更是如此。有条件的准妈妈最好能多去空气清新的郊外活动，适当在大自然中散步、游玩，使自己获得有利于身体健康的空气，也使胎宝宝能获得尽可能充足的氧气。

美育胎教：准妈妈爱美会正面影响胎宝宝

胎教须知

怀孕以后，虽然体形起了很大的变化，但是准妈妈不可因此而失去了爱美的心。准妈妈每天把自己打扮得漂漂亮亮，不仅可以让自己心情更好，也是一种良好的胎教行为。

| 孕5月 |

🌸 更多了解

● 穿衣

准妈妈可以参考一些时尚妈妈杂志，为自己选择几款美丽的孕妇装，合理地搭配起来，灵巧地装扮成俏丽的准妈妈。

● 保持整洁

仪容美的关键在于整洁，准妈妈只要注意卫生，保持整洁，形象一定不错。

● 皮肤护理

怀孕初期皮肤会变得粗糙、敏感，这是由皮脂腺分泌失调所致。保持面部清洁非常重要，准妈妈要保持脸部清洁，最好每天都洗。沐浴时，水不要太热，太热易使人疲劳；水也不要太凉，太凉会引起子宫收缩。同时，要注意洗的时间不要过长。洗的时间太长，会引起头晕，更易着凉感冒。洗时动作要轻缓。

此外，要充分休息，摄取适当的营养，到了怀孕中期，一切都会好转。

🌸 贴心提醒

孕期爱美的准妈妈常常会因为即将到来的妊娠纹、妊娠斑忧心忡忡，建议准妈妈不要太过忧虑，同时孕期可以适当多吃一些富含维生素C的食物，大部分准妈妈在生完宝宝后，妊娠斑和妊娠纹就会慢慢变淡甚至消失。

❋ 运动胎教：孕期瑜伽

🌸 胎教须知

现在胎宝宝已经比较稳定了，准妈妈可以慢慢开始一些比较舒缓的孕期运动，孕妇瑜伽是很适合孕期进行的运动，它不仅能缓解孕期不适，还有助于顺产和产后恢复，更重要的是，瑜伽重在学习如何控制并缓和呼吸，以及通过冥想排除压力、放松心情、安定情绪。

🌸 更多了解

选择一个宽敞安静的地方，家里的大床或是客厅都是很不错的选择，穿上宽松、舒适的衣服进行瑜伽练习。准妈妈练习瑜伽前半小时内不要进食或洗澡，这些可以留到练完后进行。

胎教同步指导专家方案

正式开始瑜伽练习前，准妈妈需要做一点热身，可以盘坐下来，挺直腰背，双肩放松，下巴微收，吸气，慢慢呼气，同时头部轻轻转向右侧，然后吸气，呼气，头部还原，反侧重复，直到完全放松。

● 莲花坐

① 盘膝而坐，手臂伸直。
② 脚踇趾内侧用力，脚掌朝向两边。
③ 呼气之后屏气，提肛，提会阴，腹部下沉，低头保持一会儿，吸气时慢慢放松。
④ 反复数次，若有体不适，应马上休息，每次练习3~5分钟即可。

● 猫式

① 跪坐，深呼吸数次。
② 跪正，两手撑在膝盖前方的地面上，吸气，腰部凹陷，头抬高，脸向上。
③ 呼气，腰部提高，头向内缩。
④ 深呼吸，腰部上下摆动数次。
⑤ 还原跪坐，将呼吸调整均匀。

贴心提醒

针对准妈妈设计的瑜伽动作都很平稳,如果准妈妈孕前没有半年以上的瑜伽锻炼,在练习孕期瑜伽时,可以先咨询医生或专业的瑜伽教练,即便有长时间瑜伽练习史,也应避免动作剧烈的姿势,安全要放在首位。

优境胎教:挑选几件合适的孕妇装

胎教须知

到孕5月,随着腹部的隆起,爱美的准妈妈会开始添购孕妇装了。一些时尚的孕妇装,会让准妈妈在孕期变得更美丽,特别是职场准妈妈,穿着得体尤为重要。

更多了解

❶ 买几件能随着身体增大而变化的衣服,如有褶饰、后系带、侧面系扣或打褶,以及和服式等上衣有细节设计的裙子,以让准妈妈在体形改变的时候随时调整。

❷ 款式选择高腰的。一条高腰的连衣裙,可以用来区分胸部和腹部的线条,显得时尚又精神。

❸ 质地柔软、透气性强、易吸汗的面料是首选,这样的面料包括棉、麻、真丝等,其中以棉最为常见。

❹ 挑款式也要挑颜色。明朗、柔和的粉色系和浅蓝色系等,可以衬托肤色,让准妈妈光彩照人,还具有消除疲劳、抑制烦躁的作用。

另外,一些专为准妈妈设计的打底裤,具有可调整的腰部和紧缩的腿部设计,不但方便准妈妈搭配,也会让准妈妈穿着更舒服。

贴心提醒

孕期的衣服穿着的期限短,有的准妈妈觉得浪费,这时,不妨整理一下衣橱,将宽松的毛衣、T恤,宽大的男式服装等充分利用起来,用些心思来搭配,也是非常不错的做法哦。

胎教同步指导专家方案

准爸爸胎教：帮助准妈妈减压

胎教须知

整个孕期，准爸爸是最值得准妈妈依靠和信赖的人，在孕中期这段时光，准爸爸要行动起来，为准妈妈实行减压计划，加倍给予关怀、爱护、鼓励和支持。

更多了解

❶ 多体谅准妈妈。许多准妈妈在怀孕后，由于身体和心理上的变化，常常脾气很坏，准爸爸此时的表现非常重要，应该比平时更加耐心、包容、温柔体贴，帮助准妈妈放松心情，缓解情绪。

❷ 陪伴准妈妈散步。运动对准妈妈很重要，既有利于准妈妈身体健康，又可帮助准妈妈拥有愉悦的心情。准爸爸每天清晨或傍晚陪伴准妈妈出去散步，在小区里或附近的公园里慢走，对准妈妈缓解压力是很有好处的。

❸ 给准妈妈按摩。准爸爸在临睡前（或每天固定时间）给准妈妈轻轻按摩腰、腿，缓解孕期酸痛和水肿，使准妈妈放松、舒适地进入睡眠。

❹ 陪伴准妈妈听讲座。准爸爸陪同准妈妈到孕妇学校或相关孕妇课堂听全面的孕期知识讲座，以便准妈妈了解和掌握相关知识，对怀孕、生产、养育等问题做到心中有数，并互相交流、沟通，减少准妈妈因不了解相关知识而产生的恐惧和忧虑。

贴心提醒

工作时间过长会加大压力，准妈妈在怀孕后，应找个好的时机告知领导自己怀孕的消息，尽量避免加班或者上夜班，条件允许的话，感到疲劳时应稍休息，到室外、阳台呼吸一下新鲜空气，或换一下姿势。

孕6月

胎宝宝新变化

大脑有意识了

胎教须知

孕6月，胎宝宝的体重达到了540克，身长25~30厘米，接下来会长得更快，体重、身长将大幅度增加。这时候胎宝宝几乎占据了整个子宫腔，所以他的活动会受到一些限制，最喜欢的活动仍然是抓住脐带，触摸四周。他的脸已大致发育完全，眼间距减小了一些，但双眼仍然紧闭着。

更多了解

• 声音能传到大脑了

孕6月里，胎宝宝的中耳骨（人体最小的三块骨头）开始硬化，使声音能够被传导。在这个阶段，胎宝宝可以把声音的信息传递到大脑，而且听力也达到了一定水平，所以对外界的声音会更加敏感和好奇。胎宝宝每天都能听见准妈妈心跳的声音，醒着的时候，准妈妈的说话声、呼吸声以及胃肠发出的隆隆声都是他打发时间的伙伴，不过外界突如其来的大声响还是会惊吓到他。

• 大脑对来自感官的信号开始有意识

此时，胎宝宝大脑内部的数百万个神经正在发育，并联结成形，神经细胞数量已与成年人基本相同，脊髓神经周围开始形成一个鞘，避免神经受损害。胎宝宝的大脑发育得非常快，现在已能够熟练地通过大脑的意识来区别苦味和甜味。

此外，大脑对视觉和听觉系统开始有反应，胎宝宝的大脑开始有意识了，但是和其他所有系统一样，大脑的这种意识还需要得到更多的锻炼，准妈妈可以多给胎宝宝说说话、唱唱歌等。

• 视网膜形成

胎宝宝能模糊地看见东西了，他的视网膜已形成，因而具备了微弱的视力。

• 睡觉的时候可能也吸吮手指

胎宝宝的嘴现在是很敏感的，这是他条件反射的重要部位，如果刚好他的手浮到了嘴边，可爱的宝宝会立刻吸吮拇指或其他手指，说不准在睡觉的时候他也正吸吮着自己的手指呢。

● 在子宫里不断吞咽

这个阶段，胎宝宝肺中的血管还在形成，呼吸系统正在快速地建立，为了锻炼呼吸功能，他在不断地进行着吞咽动作，不过，要等到他出生后才能完成真正的呼吸动作。

贴心提醒

胎教不要贪多，胎教就像吸收营养一样，营养吸收过多，超过身体的极限，会造成各种疾病，而胎教不合时宜地贪多，也会适得其反。

胎教新知

准妈妈是胎教的主体

胎教须知

准妈妈是当之无愧的胎教主体，准妈妈一定要承担起这份光荣的责任哦。

更多了解

对胎宝宝来说，准妈妈是他的全部。

❶ 准妈妈是营养主体。胎宝宝能生存下来并健康成长所需要的营养全部来自准妈妈的身体，准妈妈的身体素质和营养状况直接关系到胎宝宝的身体状况。

❷ 准妈妈是潜力开发者。一般情况下，从发现自己怀孕的时候起，多数准妈妈便自然而然地接纳了胎宝宝的存在，同他说话、做运动，给他讲故事、唱儿歌、进行艺术美学教育，都能起到直接的效果。

❸ 准妈妈是爱的直接来源。对于小小的胎宝宝来说，胎教的本质就是将爱传递给他，如果在胎教时没有一颗充满爱的心，没有期待胎宝宝来临的心绪，胎宝宝将因此而产生抵触情绪，在这样的情绪下，所有的胎教都不可能得到好的效果。

抚摸胎教怎么做

胎教须知

抚摸胎教可以锻炼胎宝宝皮肤的触觉，使胎宝宝通过触觉神经感受体外的刺激，从而促进大脑细胞的发育，加快智力发展，还能激发起胎宝宝活动的积极性，促进运动神经的发育。

更多了解

经常受到抚摸的胎宝宝，对外界环境的反应比较机敏，出生后翻身、抓握、爬行、坐立、行走等运动发育能明显提前。在进行抚摸胎教的过程中，不仅能让胎宝宝感受到准爸妈的关爱，获得安全感，还能使准妈妈身心放松、精神愉快，也加深了一家人的感情。

做抚摸胎教的时候，准妈妈仰卧在床上，头不要垫得太高，全身放松，呼吸匀称，心平气和，面部呈微笑状，双手轻放在腹部上，也可将上半身垫高，采取半仰姿势。不论采取什么姿势，但一定要使自己感到舒适。

然后双手从上至下，从左至右，轻柔缓慢地抚摸腹部，抚摸时内心一定要充满感情，可想象自己是真的在可爱的小宝宝身上爱抚，带着一种喜悦和幸福感，深情地默想"宝宝，妈妈爱你，爸爸也爱你""宝宝舒服了，妈妈真高兴""宝宝快快长，长成一个聪明可爱的小宝贝"等。

胎宝宝如果感觉到准妈妈的动作和想法，会对此做出反应，准妈妈记得回应他的反应，说出自己的感受来，需要注意的是，抚摸时动作宜轻，时间不宜过长，每次2~5分钟。

贴心提醒

抚摸胎教虽好，但在孕早期以及临近预产期不宜做。如果准妈妈有不规则子宫收缩、腹痛、先兆流产或先兆早产现象，或者曾有过流产、早产、产前出血等不良产史都不能做抚摸胎教，以免刺激子宫。

消灭致畸幻想

胎教须知

人的情绪受中枢神经系统和内分泌系统的控制，如果孕期常常处于紧张和担忧之中，则无益于胎宝宝生长发育。

更多了解

有资料表明，物理不良刺激、毒性化学物质或妊娠期疾病是常见致畸因素，但仍有约65%致畸因素至今未明。值得注意的是，约20%的致畸因素来源于父母的遗传性疾病而不是外环境。

产检中有时候会出现一些误差，认为胎宝宝存在畸形危险，这无疑给准妈妈增加了心理压力，容易诱发致畸幻想，对胎宝宝和准妈妈均产生不良影响。

只要没有致畸因素的威胁，准妈妈完全没有必要担心胎宝宝的健康问题。良好的心态，是优孕、优生的重要因素。

当产生致畸幻想时，准妈妈可以试着转移注意力，看看墙上挂着的宝宝图片，想想将来怎么打扮孩子，或者提早计划一下如何休产假，想想今天晚上吃什么，这样琐碎的事或问题可以把自己从致畸幻想中解脱出来。

贴心提醒

越是清闲的准妈妈，致畸幻想就越是频繁和强烈，如果准妈妈常常不能控制自己而产生致畸幻想，可以给自己找点事情做，不要让自己闲着或单独待着。

胎教正当时

营养胎教：准妈妈多吃也不易胖的食物

胎教须知

孕6月，准妈妈的胃口比较好，一不小心就会吃太多而导致体重增长过快，当准妈妈想吃又不敢吃时，心情实在是糟透了，这时不妨考虑吃那些不容易发胖的食物，这样的食物要既能补充营养，又可多吃一点也不会引起体重过快增长。

更多了解

推荐食物	贴心提示
全麦面包、饼干	全麦面包可以提供丰富的铁和锌，全麦饼干可以保证准妈妈的血糖平稳和精力充沛。不论何时，只要有吃东西的欲望，都可以吃几片
麦片	可以帮助准妈妈降低体内胆固醇的水平，而且还能够让准妈妈保持精力充沛。最好选择天然的没有任何添加成分的麦片，可以按照喜好在麦片里加一些果仁、葡萄干或是蜂蜜
脱脂牛奶	多喝一点脱脂牛奶正好可以为准妈妈补充孕期所需的大量钙
香蕉	可以快速地提供能量，帮助准妈妈击退疲劳。可以和脱脂牛奶、全麦面包等一起做早餐
柑橘	富含维生素C、叶酸和大量的膳食纤维，能帮助准妈妈保持体力，防止因缺水造成的疲劳。吃柑橘时，最好连橘络一起吃，橘络有理气化痰的功效，并含有丰富的维生素D
绿叶蔬菜	绿叶蔬菜中含有丰富的维生素和营养物质，比如菠菜中含有丰富的叶酸和锌，甘蓝中含有丰富的钙。可以随手在汤里加入一些新鲜的绿叶蔬菜，好看又营养
瘦肉	含有丰富的铁质，极易被人体吸收。准妈妈孕期对于铁的需要成倍地增加，铁不足时极易感到疲劳
豆制品	可以为准妈妈提供很多孕期所需的营养。对于那些坚持素食的准妈妈，豆制品是一种再好不过的健康食品

贴心提醒

吃粗粮时需要配一杯水，因为粗粮含膳食纤维较多，不易消化，吃粗粮时适当喝些水可以帮助消化。

营养胎教：妊娠高血压综合征的饮食调养

胎教须知

妊娠高血压综合征主要发生在怀孕20周以后，是一种常见又严重影响母婴安全的孕期疾病，以高血压、水肿、蛋白尿为主要症状，严重时会出现抽搐、昏迷甚至死亡，医学上称为"子痫"。

更多了解

患妊娠高血压综合征的准妈妈可通过合理饮食来进行调理。

❶ 补充蛋白质。患妊娠高血压综合征的准妈妈因蛋白尿导致蛋白质丢失过多，常有低蛋白血症，因此不可忽视优质蛋白的摄入，如牛奶、鱼虾、鸡蛋等，每日补充的蛋白质量至少为100克。

❷ 控制盐的摄入。摄入过多的盐，会导致血压上升，每日摄入盐量应控制在3~5克，含盐量高的食品如调味汁、腌制品及油炸食品等都应尽量避免食用。

❸ 多吃含钾丰富的食物。含钾丰富的食物包括土豆、芋头、茄子、海带、莴笋、冬瓜、西瓜等，钾能促使胆固醇的排泄，增加血管弹性，有利尿作用。

❹ 补充锌、维生素C和维生素E。患妊娠高血压综合征的准妈妈血清锌的含量较低，维生素C和维生素E能缓解妊娠高血压综合征的反应，需要适当补充。

❺ 减少动物脂肪的摄入。炒菜最好以植物油为主，每日20~25克。

❻ 控制食物的摄入总量。准妈妈要合理地控制食物的摄入总量，以达到控制体重增长速度与幅度的目的。准妈妈整个孕期的体重增长应控制在10~12千克，尤其是孕后期，以每周增重0.5千克为宜。

贴心提醒

即便患了妊娠高血压综合征，准妈妈也不必过于担心，只要定期做产前检查，及早治疗，好好休息，病情多半可以得到控制并好转。

营养胎教：怎样健康喝茶

胎教须知

孕期适量喝茶，只要掌握了方法，就会对身体有益，比如适量的绿茶有利于补充准妈妈所需的维生素。

更多了解

准妈妈不宜喝过浓的茶，尤其是浓的红茶，如果准妈妈每天喝5杯（100毫升）或5杯以上浓茶，就有可能导致新生儿体重偏轻。另外，浓茶中的单宁酸会与铁结合，降低铁的吸收率，易造成缺铁性贫血，大量的单宁酸还会刺激胃肠，影响其他营养素的吸收。建议准妈妈每日饮茶所用的茶叶不要超过5克（以3~5克为宜）。

一般来说，袋装茶加工精细，颗粒小，营养素容易析出，第一次冲泡时就会析出80%以上，建议袋装茶只泡一次，最多泡两次。

散装茶加工粗略一些，颗粒比较大，一般可以泡3次，再多泡就起不到营养作用了，如果倒掉第一遍茶，第一次泡的时间可以短一点，1分钟左右即可。

喝茶的时间最好与吃饭的时间隔开一会儿，饭后1小时左右饮用功效最好，不过进餐前后或者进餐中少量饮茶并无大碍，如果服用营养素补充剂，最好隔1小时再饮茶。理想的饮茶方法是，每天上午一杯茶，下午一杯茶，既有新鲜感，又有茶香味。

贴心提醒

经常面对计算机的准妈妈孕期可以坚持每天适量喝淡绿茶和菊花茶，可以帮助保护眼睛。

益智胎教：迷宫游戏

胎教须知

迷宫游戏对锻炼空间智能非常有好处，在孕期应多玩一玩，宝宝出生后也可以将孕期玩过的迷宫游戏拿给他看，大一点时试着让他自己玩，这个游戏在锻炼耐力和脑力上有很大的用处。

更多了解

迷宫游戏是一个很古老的游戏，最早来源于实际需要，为了防止珠宝被盗，人们将藏珠宝的地方建成迷宫的结构，后来人们将它变成了一种纸上游戏。准妈妈孕期玩迷宫游戏可以提高专注力，加强耐心和毅力，还能锻炼胎宝宝的智能。下面就是一个有爱的迷宫。

爱神丘比特射出了一支爱之箭，它要穿过迷宫，最终射向那颗爱心，请准妈妈和胎宝宝帮它找出一条畅通的路，让爱之箭顺利射中爱心。

美育胎教：简笔画"玫瑰花"

胎教须知

画画、插花、折纸……这些既是技术也是艺术，全身心地投入进去能让准妈妈平心静气。而且动手去做比单纯看、欣赏要更投入，胎教效果更好。

更多了解

人们常用花朵来形容女士与孩童，花朵娇艳美丽，同时也是未来的象征。每个女士心里也许都有朵属于自己的玫瑰，玫瑰在人们看来是一种骄傲的花朵，感情热烈的男士喜欢送心爱的人玫瑰，玫瑰在人们心里代表了炽烈的爱意，总能轻易地就唤醒人们心中的柔情。

胎教同步指导专家方案

● 玫瑰花的画法

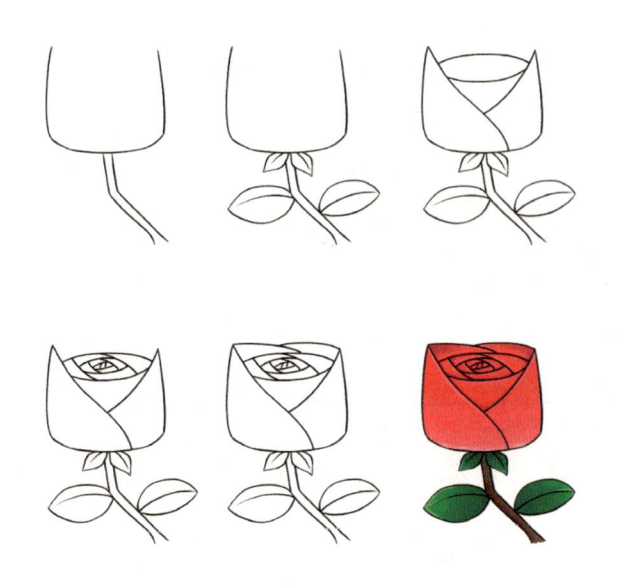

🌸 音乐胎教：名曲《月光》

🌸 胎教须知

不断对胎宝宝施以适当的音乐刺激，可促使胎宝宝神经元发育，为提升音乐天赋奠定基础。

🌸 更多了解

秦时明月汉时关，同样的月光，洒落在同一片人间，却会留下迥然不同的印记，历代描绘月光的音乐作品很多。

❶ 贝多芬的《月光奏鸣曲》。
❷ 肖邦的《夜曲》中也蕴含了丰富的月光意象。
❸ 阿炳的《二泉映月》，阿炳见不到月光，却能用心灵去感受它。

我们这里说到的名曲《月光》，是法国作曲家德彪西的早期作品。这是德彪西所有作品里流传最广，最令音乐欣赏者们迷恋的钢琴小品。曲中描绘了月光的美丽与神秘。

从曲中，我们可以欣赏到美丽的月夜景色，仿佛能看到月亮的皎洁，体会月光透过轻轻浮动的云，影影绰绰地洒在平静的水面上的情景，就如同置身于晴朗而幽静的深夜氛围之中，典雅而飘逸。

诗人余光中曾经这样形容这首作品：

> 走出树影，走入太阴；
> 走入一阵湍湍的琴音，
> 谁的指隙泻出寒濑？
> 谁用十根触须在虐待，
> 精致而早熟的，钢琴的灵魂？
> 弄琴人在想些什么？

贴心提醒

在柔美的月夜里，或者在准妈妈想要听音乐的任何时候，闭上眼睛，聆听这首《月光》，让每一个音符在心里流淌，想象心中的那片月色。这种美好的感受能让准妈妈回味无穷，同时也会感染腹中的胎宝宝。

音乐胎教：芭蕾舞曲《糖果仙子舞曲》

胎教须知

《糖果仙子舞曲》出自柴可夫斯基芭蕾舞剧《胡桃夹子》，是一首富有童话色彩的美妙乐曲，听上去像一场五彩缤纷的糖果梦。定时听一听，说不定会感受到胎宝宝的反应。

更多了解

《糖果仙子舞曲》讲述的是一个名叫玛丽的女孩，在圣诞节得到一只胡桃夹子，夜里梦到胡桃夹子变成了一位王子，不但领着她和她的玩具们同老鼠兵作战，还一起畅游果酱山，与糖果仙子享受舞蹈和盛宴的故事。这个芭蕾舞剧华丽而梦幻，舞剧的音乐充满了单纯而神秘的神话色彩，非常适合准妈妈作为胎教音乐来听。

这段音乐用钢片琴来演奏旋律，乐曲的音调既甜美腻人，又清脆透明，结合糖果仙子的形象，自然会让准妈妈想象糖果王国中像彩色玻璃片那样晶莹夺目和五彩缤纷的糖果的色泽。钢片琴那轻巧的声音，就像美丽的糖果仙子纤细的身影，愉快地跳着舞，编织出一个五彩缤纷的糖果梦，轻松地将准妈妈带入梦幻的糖果世界。

贴心提醒

准妈妈可以边听边想象玛丽和王子被糖果仙子接待的欢乐场景，说不定胎宝宝也可以感受得到。

语言胎教：故事《牛顿有时也不开窍》

胎教须知

《牛顿有时也不开窍》这则小故事是笑科学家的一根筋。在人们的印象中，科学家似乎总是少了点生活常识，所以让人觉得有些好笑，笑过之后我们也可以从另一个角度来看看科学家的想法。

更多了解

牛顿有时也不开窍

牛顿发现的万有引力定律大家一定熟知，然而，作为这样伟大的一个科学家，他有时也不开窍。

传说牛顿小时候养有两只猫，一只大，一只小。牛顿为了让猫自由出入，在门上开了两个洞，也是一个洞大，一个洞小。一天，他的邻居见到他，对他说："你何必要开两个洞，只要开一个大洞不就行了。"

牛顿听了，恍然大悟，连声称赞道："说得对，真是高见！可我怎么没想出你这个好主意来。"

贴心提醒

读完这个故事，仔细想想对自己有没有什么启发。其实，人是聪明的物种，也是善于偷懒的物种，我们从自己的方便出发，就会觉得一个洞足够两只猫用，但两只猫可不一定会这样想呢，它们也许想各走各的洞呢。科学家的"一根筋"有时候也不无道理，甚至更周全呢。

语言胎教：趣味手指童谣

胎教须知

边念童谣边活动手指，既是语言能力的学习，同时还能增强自身反应能力，进而影响胎宝宝。做的时候双手对着肚子就像对着胎宝宝一样，体验很好。

更多了解

一

一个手指点点点（伸出一个手指轻点肚皮，也可以轻点准爸爸的头部）
两个手指敲敲敲（伸出两个手指在肚皮上或准爸爸身上轻敲）
三个手指捏捏捏（伸出三个手指在准爸爸身上轻捏）
四个手指挠挠挠（伸出四个手指在肚皮上轻挠）
五个手指拍拍拍（两个手对拍）
五个兄弟爬上山（从肚皮底下或准爸爸身上做爬山状爬上来）
叽里咕噜滚下来（双手翻滚着滑下去）

二

小手摊开，咱们来包饺子吧（伸出左手手掌）
擀擀皮（右手在左手上做擀皮状）
和面和面（右手手指立起在左手手掌上做和馅的动作，就像手指在抓挠）
包个饺子（说一个字，用右手食指依次点着左手的手指）
香喷喷的饺子给谁吃（用右手把左手指包起来，盖住，问肚子里的胎宝宝）
饺子送给宝宝吃（把手放到肚皮前）
饺子送给爸爸吃（把手放在准爸爸面前）

贴心提醒

除了玩手指童谣的游戏，准妈妈还可以在准爸爸闲暇的时候叫他陪你一起玩翻花绳游戏，也能锻炼手指的灵活度。

艺术胎教：电影《飞屋环游记》

胎教须知

《飞屋环游记》是一部3D电影，让人有身临其境的感觉，卡通形象生动丰满，情节也温暖励志，胎教期间值得准妈妈反复观看。

更多了解

一座屋子，居然历经千难万险飞到了南美洲！而屋子的主人却是一个老头子！和他一起飞的还有一个小男孩。他们有着怎样妙趣的经历呢？

2009年，皮克斯动画工作室制作出第十部动画电影《飞屋环游记》，这也是该工作室创作的首部3D电影。

影片基本信息

影片名称：飞屋环游记
外文名称：Up
其他名称：天外奇迹；冲天救兵
出品时间：2009年
出品公司：皮克斯动画工作室
片长：96分钟

影片简介

当卡尔还是一个小男孩时，便和小女孩艾丽有一个共同的梦想：去南美洲的"天堂瀑布"。可是当爱妻艾丽死后，他们也没能实现梦想。

老卡尔孤独地生活在当年与爱妻艾丽亲手装修的房屋中，怀念着与爱妻生活的点滴。然而，他的生活并不安宁。他的房子要被拆迁，而他也将被送到养老院度过余生。这个倔强的老头子没有听从安排，在拆迁者要来赶他出自己的家之前，他决定出发……

让人们瞠目结舌的一座由五颜六色的气球做动力的房屋在面前起飞，越飞越高，飞上云端。这就是老卡尔按照爱妻留下的童话故事制造的飞屋。没想到，让他讨厌的小孩子罗素也悄悄藏在他的飞屋里。这一老一少在飞行中经过了千难万险，终于看到了传说中的"天堂瀑布"。

贴心提醒

谁的童年没有幻想过飞天呢？准妈妈带着胎宝宝一起观赏这场有惊无险的飞天之旅吧！这将会是一趟充满爱的精神之旅。

优境胎教：准妈妈尽量少去公共场所

胎教须知

准妈妈尤其要避免经常去人员过于密集的公共场所，如商场、农贸市场、游乐园等，这些地方的环境对胎宝宝有较为不利的影响。

更多了解

公共场所一般都是人来人往，十分拥挤的，准妈妈稍不留神，腹部就会受到挤压和碰撞，而且这种拥挤的感觉还会使得准妈妈情绪紧张。

公共场所人流量大，因此空气也异常混浊，氧气明显不如其他场所充足，长时间处在这种环境中，准妈妈很容易会感到胸闷、气短，这对胎宝宝的发育不利。

公共场所中感染疾病的概率比一般场所要多得多，准妈妈自身的抵抗力下降，更容易遭受细菌、病毒的侵害。尤其在传染病流行期间，准妈妈更不宜到公共场所溜达，一旦感染细菌、病毒，对于准妈妈及正处于生长发育过程中的胎宝宝来说都是比较危险的。

许多公共场所的高音喇叭、各种车辆的轰鸣声和人的嘈杂声对于准妈妈来说都是噪声，噪声会影响准妈妈的情绪，使体内分泌腺体功能紊乱，出现精神紧张和内分泌失调，严重的情况下还可能使准妈妈血压升高，胎宝宝缺氧、缺血，甚至导致胎宝宝早产。

贴心提醒

如果孕期遇到亲朋好友婚丧嫁娶，准妈妈需要权衡利弊，如果没有心情去，可以委婉地推辞，因为这样的活动场面大、人员多，非常耗费精力。

自然胎教：如何晒太阳

胎教须知

阳光是万物生长的能量之母。适当晒晒太阳，对准妈妈和胎宝宝的体质提高都很有帮助。最重要的是，紫外线能使皮肤中的7-脱氢胆固醇转变为维生素D，促进体内钙、磷的吸收利用，有利于胎宝宝骨骼发育，孩子将来站立、行走等运动都会受益。

更多了解

一般来说，夏天每天晒半小时，冬天每天晒太阳不少于1小时是比较合适的晒太阳时长。

❶ 早晨6—10点，下午4—5点这段时间最适合晒太阳。此时阳光中的红外线强，紫外线偏弱。不过夏天下午4—5点的时候，有些地区的太阳还很强烈，可以适当往后顺延一

下时间。

❷ 地点选择。要选择空气清新的地点，如公园、花园等地。如果居住地离适宜的地方较远，那么在外出时，一定要避开上班的高峰期，且要有人陪同。

❸ 防晒。首先，科学地选择晒太阳的时间，可以避免紫外线过度照射带来的伤害。另外，如果太阳过于强烈，也要注意防晒。不宜涂抹化学防晒霜，可以穿上防晒衣或采取打伞等物理防晒方式躲避紫外线。

❹ 晒太阳时要注意眼睛不要总盯着光线亮的地方，以免损伤眼睛。如果觉得阳光强烈，不妨戴上太阳镜和遮阳帽。

准爸爸胎教：陪准妈妈说心里话

胎教须知

最理解准妈妈心情的是腹中的胎宝宝，他或许比想象中更加敏感。如果准妈妈的心情不佳，胎宝宝也会惴惴不安。因此，准爸爸要想方设法让准妈妈说心里话，发泄自己不佳的情绪。但如果准妈妈的心情非常糟糕，不愿意听任何话时，准爸爸也不必勉强，可以静静地陪着她，让她冷静一会儿。

更多了解

怀着期待胎宝宝的心情，在已经过去的日子里，准爸爸和准妈妈一定积攒下了不少感想，那么，准爸爸不妨与准妈妈一起来玩一个有趣而温馨的说话游戏。

在早上起床前或是晚上临睡前选一段时间，时间不需要很长，15分钟就足够了，然后一人做倾诉者，一人做倾听者，倾诉者说出自己想对胎宝宝和自己另一半说的心里话，倾听者可以复述倾诉者的话，但不允许评论和反驳，5分钟后换一次角色，剩下的时间可以交流在单纯地诉说和倾听时的感受。

在这个说话游戏中，准爸爸和准妈妈可以加深自己对另一半的理解，可以知道对方行为背后的理由。在这15分钟里，也许准爸爸和准妈妈能发现，在对方很多看似不合理的行为背后，其实是隐藏着爱的。

贴心提醒

涂涂写写是特别容易放松的方式，除了陪准妈妈说心里话，准爸爸还可以陪准妈妈一道写胎教日记，日记中可以贴照片，也可以涂鸦，还可以写上三言两语的感想。这样的行为不但能帮助准妈妈调整情绪，在以后还将是一份满载着爱意的纪念物。

孕7月

胎宝宝新变化

大脑发育进入又一个高峰

胎教须知

现在进入孕7月了，胎宝宝的大脑进入新的发育高峰期，将更加趋近于成人啦。准妈妈可以继续多吃一些促进胎宝宝大脑发育的食物，让他更加聪明。

更多了解

● 大脑发育进入高峰期

整个孕7月，胎宝宝的大脑发育都处在一个新的高峰期，脑沟、脑回逐渐增多，大脑皮质面积也逐渐增大，胎宝宝的意识越来越清晰，对外界刺激也越来越敏感，准妈妈可以多给他一些刺激，各种胎教都要坚持不懈地进行，以促进大脑的快速发育。

● 动作更加协调

随着更多大脑组织的发育，胎宝宝的大脑变得非常活跃了，并能发出命令控制全身机能的运作和身体的活动，他能很熟练地吸吮自己的手指了。

● 形成听觉和嗅觉记忆

胎宝宝的听觉神经发育已经完成，听觉得到了进一步的发展。胎宝宝的嗅觉也已形成，逐渐会记住准妈妈的味道，这些都是宝宝出生后寻找妈妈的最基本依据。准妈妈不时传递给胎宝宝的信息，可最大限度地开发胎宝宝的学习潜能。

● 胎宝宝的味蕾已经形成

从孕7月开始，胎宝宝的味觉就开始稳步地发挥作用了，尤其是对甜味与苦味的感觉最为敏感，例如胎宝宝在尝到甜味时会做吸吮动作，尝到苦味时会做出表示讨厌的吐舌头的动作。此时，准妈妈的饮食结构会通过神经在他的大脑里留下深刻的"印象"，因此，饮食均衡不仅是准妈妈和胎宝宝健康的保证，也将对胎宝宝日后的饮食习惯起到很好的引导作用。

| 孕7月 |

● 不断练习呼吸、吞咽动作

胎宝宝开始做一些呼吸动作了，尽管此时他的肺里并没有空气，这是为他出生后第一次呼吸空气做基础的练习。同时，胎宝宝继续努力练习着吞咽动作，这对他的消化系统很有好处。

● 开始形成自己的睡眠周期

胎宝宝神经系统和感官系统的发育也较显著，他已经具备了视觉，能感觉到昼夜的变化，同时有了比较原始的睡眠周期，他此时对昼夜的分辨是靠激素来完成的，而且由于有了睡眠周期，他很可能会做梦了。准妈妈可以适当地引导，培养胎宝宝养成规律的作息。

贴心提醒

增大的子宫会让准妈妈觉得呼吸急促，特别是上楼梯的时候，如果准妈妈肚子特别大，可以选购一款合适的托腹带，减轻腹部压力。

胎教新知

经营二人世界的浪漫

胎教须知

因为怀孕，准妈妈的身边总是不缺人，朋友们纷纷送来祝福，长辈更是有可能常常聚集到小家里，可能你们已经很少有过恣意、轻松的二人生活了。这种情况下，别忘了给二人世界留点空间哦。

更多了解

和女性天生的母爱相比，男性通常对胎宝宝的到来有一点点恐惧，觉得升级做爸爸挺不可思议的，有点兴奋又有点不知所措。准妈妈要包容他这一点点不适应，毕竟他还是满心欢喜地接受胎宝宝的到来，小心翼翼地迁就准妈妈怀孕后的坏脾气，想方设法逗准妈妈开心，包揽了家里的大小活计，一有空闲就学习各种孕育知识，学着做各种营养好吃的食物……

胎教同步指导专家方案

也许准爸爸也有过疲惫感，对准妈妈怀孕后的小懒惰有一点意见，但是这些他都包容了，以至于准妈妈丝毫没有发现。那么当下一次他又忘记了情人节的玫瑰时，准妈妈不要耿耿于怀，不妨这次由准妈妈来给他送朵花或是小礼物吧，这样的浪漫会融化掉你们所有的不满和烦闷。

准爸爸也许还不适应，准妈妈没有以前那般关心自己了，总是这也要准爸爸注意，那也要准爸爸防备，好像全世界都布满地雷，有的时候她甚至比瓷娃娃还脆弱，干什么都要跟着准爸爸，几分钟不见就要给准爸爸打电话。准爸爸多迁就准妈妈吧，腹中多了一个小生命，许多改变都不由她做主，烦人的孕吐弄得她晕头转向，种种莫名其妙的情绪变化让她身心俱疲。

人都是只对自己最亲密的人才会依赖或发脾气，如果她不是因为太爱准爸爸，怎么会对准爸爸耍小性子呢。准爸爸对她说出你的甜言蜜语吧，哪怕只是简单的"我爱你"，也是对她莫大的安慰和支持，记得给她做一顿烛光晚餐，为她洗脚，帮她按摩，努力记住你们爱的纪念日，这些私密的温柔行动，相信会一次一次俘获她的芳心。

贴心提醒

准爸爸和准妈妈在跟胎宝宝对话时，将形象、声音、情感三者结合在一起，在鲜活的形象中，和胎宝宝一起感受语言的趣味，给胎宝宝的听觉和心灵带来美好的感受。

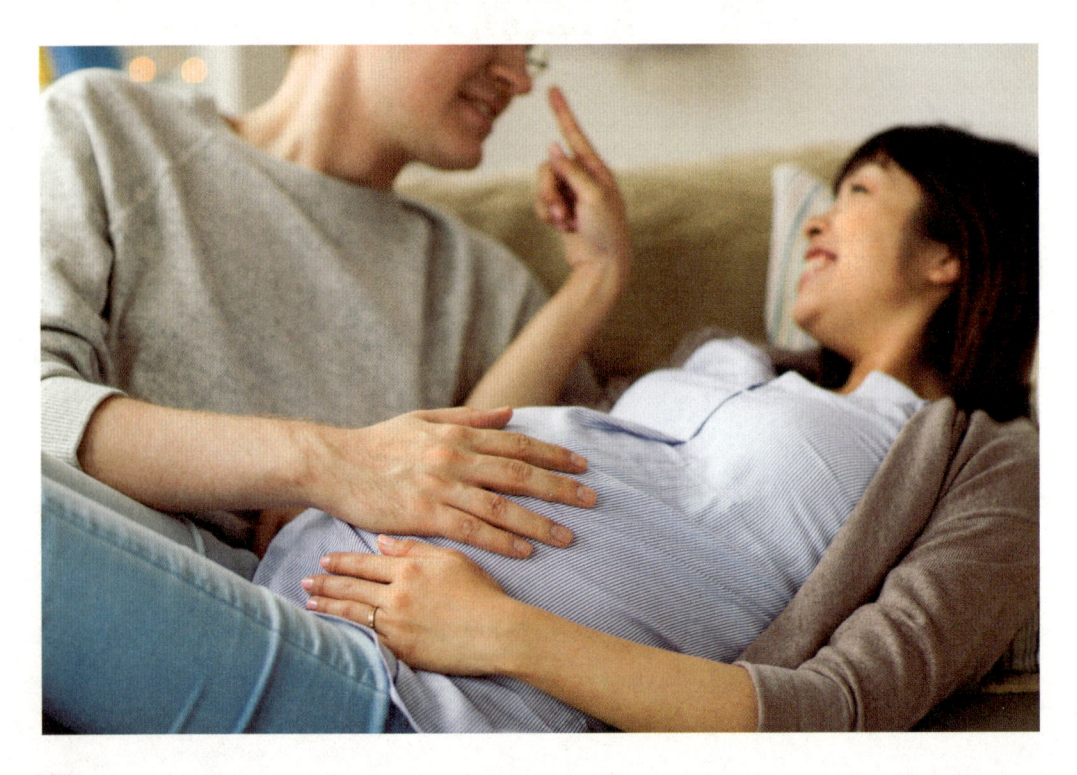

| 孕7月 |

运动胎教：让胎宝宝获得健康好体质

胎教须知

准妈妈进行适宜的体育锻炼可以促进胎宝宝的健康发育，有利于准妈妈正常怀孕及顺利分娩，这也是一种胎教，称为运动胎教。

更多了解

运动胎教有许多好处

❶ 有助于准妈妈控制体重，不至于体重增长过快，同时能够促进血液循环、增强心肌收缩力、增加氧气的摄取量、促进新陈代谢。

❷ 运动能使准妈妈吸入更多的氧气，加速体内废物的排出，有效地缓解孕期的不良反应。

❸ 适当运动可以使准妈妈保持良好的心理状态，缓解紧张感。

❹ 使胎宝宝相对位置改变及子宫内羊水晃动，训练胎宝宝的平衡觉。

❺ 有助于减轻临产时的阵痛，促进顺利地自然分娩以及产后恢复。

❻ 运动促进母体血液循环，也增加了对胎宝宝的氧气和营养供给，促进胎宝宝的发育。

孕期做运动的时候要注意以下几点

❶ 着装宜宽松、舒适，鞋要合脚轻便；运动中及时补充水分，防止脱水；注意保暖，以免着凉；最好在空气清新、绿树成荫的场所锻炼，这对准妈妈和胎宝宝的身心健康均有裨益。

❷ 对于准妈妈来说，最好做不紧不慢的运动，如游泳、打太极、散步、比较简单的瑜伽等。

❸ 准妈妈一定要避免剧烈的腹部运动，也要避免做和别人有身体接触的运动。

❹ 在运动时准妈妈应注意自我保护，避免摔跤、碰撞腹部。

贴心提醒

运动中准妈妈如出现晕眩、恶心或疲劳等情况，应立即停止运动；如发生腹痛或阴道出血等情况，要及时到医院检查。

练习凯格尔运动有助顺产

胎教须知

凯格尔运动是一套可以用来增强盆底肌弹性的练习，可以减轻尿失禁的症状，还能预防痔疮，加快会阴侧切或会阴撕裂伤口愈合，还能增强阴道的弹性，这对顺产非常有利。

更多了解

紧闭并提拉阴道和肛门，感觉到收紧的那部分肌肉就是盆底肌。准妈妈可以想象一下，当忍住放屁或在小便时突然中断尿流是一种什么感觉。

找一个让自己舒服的姿势，收紧盆底肌，数8～10秒，放松几秒，然后再收紧，就这样反复重复同样的动作。

在练习的过程中，注意保持身体其他部位的放松，不要收紧腹部、大腿和臀部，将手放在肚子上，帮自己确认腹部肌肉是否放松。

任何运动都是循序渐进的，刚开始时不要急于做太多，随着盆底肌弹性的不断增强，可以逐渐增加每天练习的次数，并延长每次收紧盆底肌的时间。

贴心提醒

凯格尔运动可以随时随地进行练习，早晨醒来时、坐车时、工作中或看电视时，每天做3次，每次3～4组，每组10次。

拉梅兹呼吸法

胎教须知

拉梅兹呼吸法是减缓生产时的疼痛、加速推进产程的好方法，有助于顺产。孕7月是进行练习的好时机，如果能让准爸爸陪准妈妈一起练习，那当然再好不过了。

更多了解

穿着宽松的衣服，盘腿坐在地毯或床上，尽量让自己放松。准妈妈放一些舒缓、优美的音乐作为背景音乐，就可以开始练习了。

步骤	名称	找准呼吸时机	怎样呼吸
步骤1	胸部呼吸	分娩开始时，子宫颈开0~3厘米，子宫收缩5~20分钟1次，每次收缩30~60秒时	随着子宫收缩就开始用鼻子吸气、口吐气，反复进行，直到阵痛停止才恢复正常呼吸
步骤2	"嘻嘻"轻浅呼吸	子宫颈开3~7厘米，子宫收缩2~4分钟1次，每次收缩40~50秒时	用嘴吸入一小口空气，保持轻浅呼吸，让吸入及吐出的气量相等，呼吸完全用嘴呼吸，保持呼吸高位在喉咙，就像发出"嘻嘻"的声音。练习时由连续20秒慢慢加长，直至一次呼吸练习能达到60秒
步骤3	喘息呼吸	子宫颈开7~10厘米，子宫收缩60~90秒1次，每次收缩30~90秒时	先将空气排出后，深吸一口气，接着快速做4~6次的短呼气，感觉就像在吹气球，比"嘻嘻"轻浅式呼吸还要更浅。练习时由一次呼吸练习持续45秒慢慢加长至一次呼吸练习能达90秒
步骤4	哈气运动	镇痛开始时	先深吸一口气，接着短而有力地哈气，如浅吐1、2、3、4，接着大大地吐出所有的气，就像在吹一样很费劲的东西。练习时每次呼吸需达90秒
步骤5	闭气用力用力运动	子宫颈全开时	下巴前缩，略抬头，用力使肺部的空气压向下腹部，完全放松骨盆肌肉。需要换气时，保持原有姿势，马上把气呼出，同时马上吸满一口气，继续憋气和用力，直到宝宝娩出。每次练习时，持续60秒用力
步骤6	哈气运动	头出来了	不用力，用口哈气

胎教正当时

情绪胎教：经常微笑

胎教须知

准妈妈愉悦的情绪可促使大脑皮质兴奋，使血压、脉搏、呼吸、消化液的分泌均处于平稳、协调状态，有利于身心健康，同时还有利于改善胎盘供血量，促进胎宝宝健康发育。虽然腹中的胎宝宝看不见准妈妈的表情，但他能感受到准妈妈的喜悦之情。

更多了解

把准妈妈快乐的心情传递给腹中的胎宝宝，他也会觉得很快乐，当他接受了这种愉悦的情绪后，在心理、生理方面的发育将大大受益，将来他会更聪慧、更健康。因此，微笑是准妈妈给予胎宝宝最好的胎教之一。

当心情不好时，"强迫"自己笑一笑，也会使心情渐渐变得开朗起来。

每天清晨醒来，先跟胎宝宝打一个招呼，告诉胎宝宝，新的一天开始了，他又长大了一天，然后对着镜子，给自己一个微笑，这一瞬间，沉睡的细胞苏醒了，准妈妈的周身都充满了朝气与活力。这是一个美丽的微笑，告诉自己美好的一天即将开始，同时也将这种美好的情绪传达给胎宝宝。

贴心提醒

准爸爸的微笑不仅可以使自己保持良好的心态，也能使夫妻感情融洽，家庭幸福美满，而这些正是优生的重要因素。

营养胎教：帮助大脑发育的食物

胎教须知

孕7月，胎宝宝大脑发育很迅速，不仅重量增加，脑细胞的数量也迅速增加，增加有利于大脑发育的营养物质的摄入可以让胎宝宝大脑发育更充分。

更多了解

营养素	促进智力发育的原因	含此营养素的食物
锌	锌对促进智力发育作用重大，智力的物质基础是脑细胞，而锌可以促进脑神经细胞核酸的复制与蛋白质的合成	一般来说，动物性食物含锌较植物性食物多，含锌量高的食物有牡蛎、扇贝、海螺、海蚌、动物肝、禽肉、猪瘦肉、蛋黄、蘑菇、豆类、小麦芽、干酪、海带及坚果等
二十二碳六烯酸（DHA）	DHA是一种多价不饱和脂肪酸，为胎宝宝脑神经细胞发育所必需。脑营养学家研究发现，DHA、胆碱、磷脂等是构成大脑神经系统的重要物质，大脑皮质神经膜是贮存与处理信息的重要结构。DHA是人脑营养必不可少的多价不饱和脂肪酸，能促进脑发育、提高记忆力	富含天然亚油酸、亚麻酸的核桃仁等坚果摄入后经肝脏处理能合成DHA。此外，海鱼、鱼油等也含有DHA，可以选食。当然，必要时遵医生嘱咐补充些DHA制剂也是可以的
叶酸	准妈妈补充足量的叶酸，可明显降低胎宝宝神经管缺陷的发生率，使无脑儿与先天性脊柱裂的发生率大大下降	富含叶酸的食物有红苋菜、菠菜、生菜、芦笋、豆类、动物肝、苹果、柑橘及橙汁等

贴心提醒

由于饮食习惯和地域的影响，不少准妈妈无法获得均衡的营养。有条件的准妈妈也可每天喝上一杯专为孕妇研制的配方奶，以获取均衡营养，满足胎宝宝大脑发育的需求。不过喝孕妇配方奶的同时，就不要再补充牛奶了。

营养胎教：补充蛋白质

胎教须知

怀孕之后的准妈妈，蛋白质的需求量增加，以满足胎宝宝生长的需要。通常，准妈妈对蛋白质的需求是随着孕期的增加而增加的，在怀孕的早、中、晚期，准妈妈每天应分别额外补充蛋白质5克、15克和20克。

更多了解

蛋白质的摄入不足，会导致准妈妈体力下降，胎宝宝生长变慢，而且准妈妈产后身体易恢复不良，乳汁稀少，对母子身体都不利。

因此，准妈妈应根据不同时期的需要，合理摄入蛋白质。怀孕晚期准妈妈需要贮备一定量的蛋白质，以供产后的乳汁分泌。

鸡蛋、猪瘦肉、鸡肉、兔肉、牛肉、鱼类、豆制品、小米、豆类等均含丰富蛋白质。

不过准妈妈需要注意，必须增加优质蛋白质的摄入量，即多食鱼类、鸡蛋、猪瘦肉等。相比较而言，动物性蛋白质在人体内吸收利用率较高，而豆类和豆制品等植物性蛋白质吸收利用率较低。

补充蛋白质食谱推荐

♡ 鱼粒虾仁

原料：净鱼肉100克，虾仁100克，荸荠100克（若无可不用），玉米粒50克，食用油适量。

调料：鸡汤30毫升，淀粉、盐各适量。

做法：

1. 将净鱼肉切成粒，虾仁洗净，均加少许淀粉拌匀；荸荠洗净，去皮，切丁。
2. 锅中热油，放入鱼粒和虾仁炒散，再放入鸡汤和荸荠丁，加盐调味，炒至荸荠丁呈半透明时放入玉米粒翻炒均匀即可。

● 推荐理由

鱼和虾都是优质蛋白质的来源,既清淡又美味,非常适合准妈妈的营养需求。

● 贴心提醒

有的准妈妈害怕孕期蛋白质摄入不够,所以选择补充蛋白质粉。其实,如果身体健康、营养良好,是不需要额外补充蛋白质粉的,食用蛋白质粉过量可能会导致胎宝宝超重,不利于自然分娩。

❋ 营养胎教:胎宝宝偏小必须补充营养吗

● 胎教须知

胎宝宝是否偏小需要由医生通过检测来判断,准妈妈在孕期最后的阶段一定要坚持产检,听从医生的营养建议,在体重正常的情况下,最好不要擅自大补。

● 更多了解

胎宝宝发育如何受很多因素的影响,不是说偏小就要大补营养。

一般来说,如果胎宝宝偏小,而同时准妈妈体重正常,说明能量摄取没有问题,就不需要增加能量,而重点应该关注饮食结构,如果准妈妈膳食中已经包含了足够的蛋白质、脂肪、碳水化合物、维生素、矿物质等营养素,那么就不需要做大的调整,只要产检显示胎宝宝体重在正常范围内,小一点并没有关系。

如果准妈妈一看胎宝宝偏小就立即大鱼大肉,就很容易导致营养过剩,导致胎宝宝过大,给即将到来的分娩带来困难,也影响母婴健康。只有当准妈妈确实是体重长得不够,食欲也不好,才须调整。

现实中有很多准妈妈体重增加不少,但产检显示胎宝宝偏小的情况,排除一些疾病因素,这主要是准妈妈的饮食结构不均衡导致的,准妈妈摄入过多高能量的食物,就会出现只胖自己不胖胎宝宝的情形。

准妈妈胖、胎宝宝瘦是一个警示,提示准妈妈要节制吃零食、甜食,多吃天然、新鲜的健康食物,在选择食物时要多些理智,加餐或者吃零食时尽量多选择低能量、高营养的豆腐脑、坚果、牛奶、全麦面包等。

语言胎教：诗歌《请回答我，七月》

胎教须知

如果五月和七月对话，他们会说什么呢？他们一定会非常好奇对方的世界是什么样的，也一定想知道，自己的季节里生长的事物，到了另一个季节会怎么样？

更多了解

请回答我，七月

哪里有蜜蜂　　　　　让我看看雪飘
哪里有干草　　　　　让我听听风铃
哪里有盖红的面孔　　让我看看小鸟
啊，七月说　　　　　小鸟他也在问
哪里有种子　　　　　哪里是玉米
哪里有蓓蕾　　　　　哪里是迷雾
哪里有五月　　　　　哪里是浆果
请你，回答我　　　　年说，都在这里
哦，五月说

——狄金森

语言胎教：与胎宝宝说英语

胎教须知

由于胎宝宝对声音已经具有了一定的记忆能力，因此，准妈妈也可以试着与胎宝宝说说英语，可能有些许收获，也是很好的胎教方式。

更多了解

一开始，准妈妈可以讲一些简单点的话，比如："This is mommy（这是妈妈）""It's a nice day（今天天气很好）""Let's go to the park（让我们去公园吧）""That is a cat（这是一只猫）"等，将自己看到、听到的东西简单地告诉胎宝宝，当然啦，虽然不说汉语了，但是给胎宝宝起的名字还是别忘了叫，或者准妈妈还可以再给胎宝宝起个好听的英文名，比如Tom（汤姆）、David（大卫）、Lisa（丽莎）等。

接下来，准妈妈就可以说英语长句了，可以描述一件事情，比如"David, I am your

mom and I love you so much!（大卫，我是你的妈妈，我很爱你！）""Johnny, you are my lovely baby and I will try to give you anything that you like!（约翰尼，你是我可爱的宝贝，我会尽力给你喜欢的一切！）"。

再以后，准妈妈还可以选择一些优美的英语短文或诗歌读给胎宝宝听，比如：

Twinkle, twinkle, little star,	一闪一闪小星星，
How I wonder what you are!	我多想知道你是什么！
Up above the world so high,	高高住在云天外，
Like a diamond in the sky.	好似钻石嵌明镜。
Swan swim over the sea,	天鹅游到海的另一边。
Swim, swan, swim!	游吧，天鹅，游吧！
swan swam back again,	天鹅游回来了，
Well swum swan!	游得真好啊！天鹅
Go to bed, Tom,	汤姆汤姆去睡觉，
Go to bed, Tom,	汤姆汤姆去睡觉，
Tired or not, Tom,	不管现在累不累，
Go to bed, Tom.	汤姆汤姆去睡觉。
Christmas comes but once a year;	一年一次圣诞，
And when it comes, it brings good cheer,	圣诞人人喜欢，
a pocketful odd money, and a cellar of beer	又有酒又有钱，
And a good fat pit to last you all the year.	猪肉够吃一年。
Bbb, baaa, black sheep,	咩咩咩，黑绵羊，
Have you any wool?	多少羊毛身上长？
Yes, sir, yes, sir,	先生先生你来看，
Three bags full;	三个口袋鼓囊囊；
One for the master,	一袋主人面前放，
And one for the dame,	一袋是为主妇装，
And one for the little boy,	一袋送给小男孩
Who lives down the lane.	住在前面小街巷。

有的准妈妈觉得自己的英文水平有限、发音不够标准，或者觉得在"非英语为母语"的环境中实行英语胎教有一定困难，那么也可以选择一些句型简单、内容健康、重复性高的英文音像制品，借助它有趣的内容、清晰的发音、活泼的气氛，同样可以起到很好的效果。

和胎宝宝说一段时间的英语后，可以看看成效如何。如果对着胎宝宝说英语时，他有用脚踢准妈妈肚子的反应，表示胎宝宝在学习，这时准妈妈不妨试着用英语叫他别再踢，看看他会不会平静下来。

如果英语胎教有成果的话，就需要坚持练习，多加巩固，不然日久胎宝宝就会生疏了。

贴心提醒

在说英语的时候尽量用一种欢快、俏皮的语调，不宜太过死板，如果觉得自己发音不够自信，可以多参照标准发音练习，在这个基础上变换出欢快的语调来。

语言胎教：跟胎宝宝随时对话

胎教须知

准妈妈与胎宝宝之间，有着非常微妙的关系，不仅血脉相连，而且心意相通。胎宝宝在情感上依赖准妈妈，虽然他听不懂准妈妈说话的内容，但能够感觉声音和语调的变化，进而获得类似谈话的体验，促进语言乃至智力的发展。

更多了解

语言是为了方便生活，在日常生活中，准妈妈做任何事情时，都可以讲述出来，比如：早上起来想起胎宝宝就问"宝贝早上好，昨晚睡得舒服吗"，洗澡时说"这是水流声，妈妈在洗澡"等。

准妈妈的心会随着胎宝宝的变化而更加柔软、充满期待，当准妈妈感觉到不一样时，别忘了赞美胎宝宝："宝贝真是体贴妈妈，一晚上乖乖睡觉，真是妈妈的好宝贝"，当准妈妈对胎宝宝心生期待时，语言的胎教效果也会很好，比如"宝贝长得高高的像爸爸，皮肤白像妈妈，聪明能干像爸爸，大眼睛像妈妈"等。

贴心提醒

胎宝宝一般喜欢准妈妈用"陶醉"一般轻轻摇晃的动作来表达对自己的关爱，同时喜欢准爸爸低沉浑厚的声音，所以准爸爸比准妈妈更需要多与胎宝宝说话。

运动胎教：适量做点家务活

胎教须知

在孕期，准妈妈可以在不疲劳的前提下，做一些力所能及的家务活，有的准妈妈怀孕后就被保护了起来，什么家务活都不"染指"。这其实并不必要，因为许多家务活并不劳累，适当做做家务活不但可以锻炼身体，还可以调剂生活。

更多了解

合理地安排家务活，既能融胎教于家务活中，又能使夫妻的生活舒适，何乐而不为。只要安排得当，家务活里的胎教活动将会是很丰富的，可以开展语言胎教，进行运动胎教等。

星期一、星期四： 改变外出采购路线，花一定的时间观察周围的事物，向胎宝宝讲解生活中的各种现象。

星期二： 打扫起居室、卧室卫生，给胎宝宝描述这个温馨的家是什么样子的。

星期三： 擦拭窗户和门框，可以给胎宝宝讲自己是怎么劳动的，告诉胎宝宝要讲卫生。

星期五： 打扫和整理厨房，安排星期六和星期日的食谱，告诉胎宝宝自己怎样合理地安排每天的膳食以保证营养需要。

准妈妈做家务活要在力所能及的范围内，要在不累、不搬动重东西、震动较小、不压迫腹部的原则下活动，如收拾屋子、扫地等。

有条件的准妈妈应少进厨房，并尽可能把停留在厨房里的时间缩短，厨房应保持良好的通风换气状态，需要下厨做饭的准妈妈，应该事先做好厨房的通风换气工作，在孕早期尽量请家人帮忙。

洗菜、刷洗碗碟时尽量不要把手直接浸入冷水里，因过凉受寒有可能刺激子宫收缩。

晾衣服时动作要轻柔，不要向上伸腰，晒衣绳应放得低一些。

做任何家务活都应该避免久站，做家务活一段时间后休息一会儿，不可太劳累。

贴心提醒

在做家务活时，准妈妈要以不影响身体的舒适为主，不要让活动量超过身体可以承受的范围。

益智胎教：趣味推理题

胎教须知

准妈妈多动脑，胎宝宝受益多。有些推理题一旦沉浸进去了，会很有意思。做的时候不要着急看答案，自己动脑、动笔算一算，这样也能刺激到胎宝宝的大脑发育。

更多了解

还有10元钱呢

3个学生去买鞋，一共300元，3人每人给老板100元，老板说今天优惠他们50元，让导购还给他们，导购自己留了20元，还给他们30元，3人每人拿回10元，这样就等于3人每人拿出90元，加一起是270元，在加导购留的20元，也只有290元，还有10元钱呢？

答案：

学生给出300元，老板收250元，服务员拿了20元，找回学生30元。这样，学生每双鞋花90元，就270元，这270元就包括了服务员的20元，所以不能用270元+20元，这样加是错误的，就少了10元钱。

清理垃圾

有一堆垃圾，规定要由张、王、李三户人家清理。张户因外出没能参加，留下9元钱做代劳费。王户上午起早干了5小时，李户下午接着干了4小时刚好干完。问王户和李户应怎样分配这9元钱？

答案：

不能简单地认为王户应得5元，李户应得4元。不加分析而想当然办事往往会搞错。应该知道，王、李两户所做的工作中，除帮张户外，还有他们自己的任务。很明显，每户的工作量为3小时。王帮张干了2小时，李帮张干了1小时，王帮张的工作量是李帮张的2倍，得到的报酬当然也应该是李的2倍，因此，王应得6元，李应得3元。

称苹果

有10筐苹果,每筐里有10个,共100个,其中有九筐每个苹果的重量都是0.5千克,另一筐中每个苹果的重量都是0.45千克,但是外表完全一样,用眼看或用手摸无法分辨。现在,用一台普通的大秤,怎么一次把这筐重量轻的找出来?

答案:

把10筐苹果按1~10编上号,按每筐的编号从里面取出不同数量的苹果,如编号为1的筐里取1个,编号为5的取5个,共(1+10)×10/2 = 55(个)。如果每个苹果的重量都是0.5千克,一共应该是27.45千克。由于有一筐的重量较轻,所以不可能到27.5千克,只能在27~27.45千克。如果称量的结果比27.5千克少几千克,重量较轻的就一定是编号为几的那筐。实际上,为了称量的方便,第10筐的苹果也可不取,一共取45个,最多22.5千克。如果称得的结果正好是22.5千克,说明第10筐是轻的。否则,少几千克,就是编号为几的筐的苹果是轻的。

贴心提醒

准妈妈可以尝试各种动脑题材,九宫迷数、推理题,还有数独、找不同,拼图游戏、填字游戏等都可以玩一玩。

美育胎教:拍美美的孕照

胎教须知

孕7月是准妈妈状态最好,也是最美的时候,少了刚怀孕的不适,多了一份母性的气质,对人对事都更加温和,而此时的孕态也很完美,肚子像一个加大版的皮球,特别惹人爱,这个时期来拍摄一套孕照是再合适不过的了,这将成为最美丽的纪念。

更多了解

拍孕照应在准爸爸的陪同下进行,以免发生意外,准爸爸参与到拍照中来,一家人幸福感更强烈。

拍摄环境可以选择在自己家里,这样就避免了出门的麻烦。也可以选择人较少、拍摄环境条件很好的户外。

关于化妆方面，由于准妈妈的抵抗力偏弱，所以化淡妆就好，不要做美甲美容。有的摄影师为了追求效果，会在准妈妈的肚皮上彩绘，要注意涂料的安全问题，可以的话，最好不彩绘，以免影响到胎宝宝的健康。

注意拍摄时间不宜太长，也不宜设计"高难动作"，最主要的就是要突出准妈妈幸福的感觉。

贴心提醒

准爸爸最好每个星期都帮助准妈妈拍一张侧身照，记录准妈妈身形的变化。随着孕期的进展，将这些照片摆在一起，看到胎宝宝在准妈妈肚子里一点点长大，会让人感觉神奇又温暖。

艺术胎教：电影《音乐之声》

胎教须知

我们喜欢看童话，也喜欢童话的结局是这样的：从此，王子和公主还有他们的孩子们过着幸福生活。电影《音乐之声》就讲述了这样一个美丽的故事。

更多了解

影片基本信息

片名：《音乐之声》
导演：罗伯特·怀斯
编剧：恩斯特·莱赫曼
主演：朱丽·安德鲁斯 / 克里斯托弗·普卢默 / 理查德·海丁 / 安吉拉·卡特怀特
片长：174 分钟

影片简介

玛丽亚是一个年轻活泼的修女，喜欢在大自然下高声歌唱，她身上散发着真善美，感染着孩子们以及她的爱人。

风景如画也是这个影片的一大特色，电影取景于奥地利萨尔茨堡，这是莫扎特的故乡，当镜头伴着音乐掠过奥地利的山脉、河流、草原和民居，最后来到那片壮丽的阿尔卑斯山脉上时，相信没有人会不惊叹，幽幽绿草地上，修女玛丽亚远远地奔来，展开双臂高唱："我的心像小鸟一样，从湖边向森林中展翅飞翔，我像小雀日日夜夜在高声歌唱，当寂寞时候我就来到山冈……"

音乐也是使这部影片成为经典的一大原因，多年以后，也许我们对电影的情节、内容已不再有清晰的记忆，却依然能想起它的乐曲。

贴心提醒

这部影片中的音乐都已成为今天的经典，比如《哆来咪》《孤独的牧羊人》《雪绒花》《音乐之声》等，准妈妈如果喜欢电影中的音乐，可以在网上下载后播放，这些都是经典的、令人回味无穷的好音乐。

优境胎教：注意浴室设备安全

胎教须知

浴室是洗澡和上厕所的地方，由于空间比较狭小，也比较潮湿，孕晚期准妈妈身体容易失去平衡，使用浴室尤其要注意安全，浴室的设备要事先检查妥当，对容易发生危险的地方做一些合理的安排。

更多了解

浴室经常是湿漉漉的，一不小心就会有滑倒的可能，准妈妈跌倒更是危险，因此准妈妈洗澡首要的注意事项就是要预防跌倒。浴室的安全防滑设备必须完善，准妈妈每次洗澡之前，家人最好是能将浴室清理一下，尽量做到以下几点。

❶ 在浴室地板上铺防滑垫，并定期清洗，以免藏纳太多污垢。

❷ 墙壁四周最好能安装一些比较稳固的扶手。

❸ 洗脸槽安装要稳固，这点很重要，以免情急之下准妈妈抓着洗脸槽发生摔倒。

❹ 买一个双层或三层的置物架，并固定稳妥，用来集中放置所有浴室小用品，如洗发水、沐浴乳、香皂盒、梳子、吹风机等。

❺ 准妈妈洗澡前，最好是能先清理掉一些杂物，如盆子、篮子等，以免走动过程中发生不便或被绊倒。

❻ 浴室里太热，对准妈妈和胎宝宝不

利，另外还必须注意通风。如果使用浴霸，容易造成缺氧，所以使用时间也不能太长。

贴心提醒

准妈妈洗完澡后要立即擦干头发及身体，将衣服（至少是贴身衣物）穿好后再走出浴室，以免浴室内外温差太大而着凉。

准爸爸胎教：不要吃胎宝宝的醋

胎教须知

胎宝宝的到来，让准妈妈将准爸爸所需要的情感关怀全都倾注到了腹中的新生命上。这种现象在产后将继续维持并有强化趋势，使准爸爸产生被疏远、被忽视的感觉，假如准爸爸不能理解，久而久之就会影响夫妻关系。

更多了解

有的时候，看到准妈妈全部身心都投入到了胎宝宝身上，准爸爸心里总觉得有些失落，准妈妈的这种表现是怀孕期间的正常现象，准爸爸一定要看开一点。此时准妈妈仍然依赖准爸爸，甚至比以前更加依赖，她希望从准爸爸那里得到所需要的情感关怀。

准爸爸要明白这个道理，感情不同于物质的东西，物质的东西往往是有限的，给了胎宝宝就不能给准爸爸，而感情是无限的，不具有可比性。

感情是只要你愿意付出，它总是有的。准妈妈给准爸爸的爱和给胎宝宝的爱都可以无限多，毕竟这是两种不同的感情，即爱情和亲情，它们之间并没有什么冲突可言。

如果对这种现象暂时无法忍受，准爸爸可以试一试这个实用的方法：准妈妈对胎宝宝好，准爸爸就更要对胎宝宝好。

人们总是认为父爱是比不上母爱的，有一个成语叫志同道合，如果准爸爸对胎宝宝有相似的付出，自然也会使准妈妈刮目相看。换句话说，宝宝是维系父母感情的纽带，对他付出爱，会让爸爸妈妈的感情越来越深。

贴心提醒

孕期经常与胎宝宝对话是一项十分重要的行为，尤其是准爸爸，准爸爸每天坚持与胎宝宝讲话，能够唤起胎宝宝的热情，帮助胎宝宝智力发育。准爸爸每天都可以跟胎宝宝说说心里话，随便唠叨几句，会收到意想不到的好效果。

>>>
孕8月

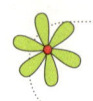

胎宝宝新变化

脑细胞神经通路完全接通

胎教须知

从孕8月开始,准妈妈就正式进入孕晚期了,胎宝宝会在孕晚期迅速发育,让自己变得更圆润。本月末他的体重将达到1 600克。关键是胎宝宝的听觉器官发育成熟,脑细胞神经通路完全接通,胎教进入黄金期。

更多了解

● 头部还在增大

胎宝宝大脑还在持续发育,现在,有数十亿的脑神经细胞正在形成,他从外界获得的刺激(比如准妈妈的声音)会传达到大脑,让大脑做出相应反应。头部随着大脑的发育还在增大,相对全身其他部位,头部比较重,显得头重脚轻,这也是大多数的胎宝宝在最后胎位固定时自然采取头朝下的体位的原因。

● 眼睛开始追溯光源

胎宝宝的感官能力提高了,他可以感觉到光线,当有光线进入子宫,他能跟着光线转动他的眼睛了。此时,准妈妈可以从子宫外给他适度的光线刺激,这对他来说将是一个惊喜。

● 听觉器官发育成熟

孕8月,胎宝宝的听觉器官发育成熟,此时耳朵的结构基本上和出生时相同,他对声音的反应更灵敏,对声音的反应也更强烈。经过过去几个月的训练,他应该已经非常熟悉准妈妈的声音了。胎教内容可以安排得更丰富了。

● 大脑仍然生长迅速

胎宝宝的大脑发育仍然迅速,神经系统已经四通八达,大脑向颅骨外推,大脑皮质折叠形成了更多的沟回,头部更大了。胎宝宝现在能够熟练地把头从一侧转向另一侧,好奇地观察子宫内的景象了。

● **脑细胞神经通路完全接通**

这一周，胎宝宝神经系统变化最大，大脑皮质不断折叠形成褶皱，看起来像个核桃仁，脑细胞神经通路完全接通，开始活动。神经纤维周围形成有保护作用的脂质鞘，因此，神经冲动能够较快地传递，他逐渐能够进行复杂的学习和运动，并且意识越来越清楚，能感觉外界的刺激并做出反应，甚至能区分白天和黑夜了。

❀ **贴心提醒**

准妈妈可以根据腹部的凹凸猜测一下胎宝宝在干什么，哪一个动作是小手在一举一伸，哪一个动作是小脚在一踢一踹，哪一个动作又是小屁股在一拱一撅，这非常有趣。

胎教新知

❀ 坚持定时数胎动

❀ **胎教须知**

坚持每天数一数胎宝宝的胎动次数，以此为依据，可监测胎宝宝的健康状况。胎动次数为12小时30~40次，说明胎宝宝的情况比较正常。如果2小时胎动小于6次或比平时减少了一半（50%），往往说明胎宝宝有缺氧的可能，准妈妈不可掉以轻心。

❀ **更多了解**

准妈妈可以每天早、中、晚3次各数一次胎动，每次1小时，把计数的结果加起来，再乘以4，就是12小时的胎动次数。数胎动的时候，注意以下几点。

❶ 选对时间。由于胎宝宝有固定的休息和睡眠时间，这时候是不容易感觉到胎动的，所以数胎动，就应该选择在早餐或是晚餐后1~2小时、下午1至2时、胎宝宝活动比较频繁的时候开始计数。

❷ 数胎动时，准妈妈最好保持左侧卧位，周围的环境要安静，思想要集中，心情要平静，以保证获得的数据比较准确。

❸ 准妈妈数的胎动，指的是胎宝宝在准妈妈肚子里的主动性运动，如呼吸、张嘴运动、翻滚运动等。在准妈妈咳嗽、呼吸等动作的影响下产生的胎动不是胎宝宝自主进行

的，就不应该数。计算胎动时，连续的胎动算作1次，有停顿之后的另一次胎动则算作第2次。每次至少数1小时。

准爸爸最好将每次数胎动的结果记下来，最好绘成一幅曲线图，以便及时了解胎动的变动情况，也可以为医生的诊断提供参考资料。

贴心提醒

数胎动需要有耐心，如果胎宝宝1小时都没有活动，准妈妈可以吃点东西，或拍一拍肚子。正常情况下，胎宝宝马上就会动起来了。

每天进行胎教的最佳时间

胎教须知

每天胎教的次数为1~2次，每次以12分钟为佳，应选择在胎宝宝觉醒时期（有胎动的时候）进行，在晚上临睡前最佳。

更多了解

每天有两个时间段是最佳胎教时间，准妈妈可以根据自己的实际情况酌情安排。

中午12点： 这时，人的视力处于最佳状态，可以明朗清晰地看到美丽的风景，准妈妈可以在这段时间欣赏优美的绘画作品。

晚8~11点： 这个时间是准妈妈听神经最敏感的时间，也是最佳胎教时间。准妈妈已经吃完饭，并稍作休息，精神慢慢恢复，当然最好能和准爸爸一起进行胎教。

只要准妈妈心情愉悦，并感觉胎宝宝是醒着的，随时随地都是胎教的好时机，因为人在轻松的环境下，学习东西会非常快，胎宝宝也是一样的。这时准妈妈把自己听到的、看到的一切与胎宝宝分享。

不要让胎教烦扰胎宝宝

胎教须知

胎宝宝逐渐成长为一个能听、能看、会动的小生命，对于外界的刺激越来越敏感，并能做出多种反应，因而具备了接受教育的基础，此时做专门的胎教很适合。但是，准妈妈做胎教时要谨记，不要让胎教打扰到胎宝宝。

| 孕8月

更多了解

新生儿都是休息多于活动，爸爸妈妈都知道不在他睡觉的时候打扰他。胎宝宝也需要休息，而且逐渐形成了自己的作息规律。准爸爸和准妈妈如果因为未掌握他的作息规律，就容易好心办坏事。有时候会在他睡觉的时候做胎教，有时候他想睡了，准爸爸准妈妈还在继续胎教，这都会让胎宝宝感觉不舒服，烦躁不安，休息不好。

胎教最好在有胎动的时候进行，每次做10分钟左右就停止，因为胎宝宝清醒的时候很短，短时间的胎教才不会打扰他接下来的休息。

贴心提醒

胎宝宝现在的听力越来越好了，准爸爸准妈妈可以有意识地在晚上他最活跃的时候给他播放轻柔的音乐，并跟他说说心里话。

学会听胎心

胎教须知

听胎心也是观察胎宝宝发育情况的重要手段之一，第一次产检时，医生已经可以借助仪器听到胎心了，胎宝宝大一些后，准爸爸可以在腹壁听到。

更多了解

准妈妈仰卧，两腿伸直，准爸爸直接用耳朵或者将听筒放在腹壁（脐部上、下、左、右四个部位）上听，时间为每天一次，每次1分钟。

一般正常胎心率为每分钟110～160次，过快、过慢或不规律均属异常现象，证明胎宝宝可能存在异常，须到医院诊查。

胎教不当会引起反效果

胎教须知

科学的胎教能够促进胎宝宝的智力发育，然而胎教方法不当却会伤害到胎宝宝，不合理的胎教语言、运动，不良情绪都会影响到胎宝宝，准爸爸准妈妈一定要引起重视，不要让胎教起反效果。

更多了解

❶ 忌不合理的语言胎教。语言胎教时，准妈妈切忌大声、粗暴地训话，不必长时间、不停地跟他讲话，这会令自己及胎宝宝感到疲劳，还会造成胎宝宝烦躁不安，胎宝宝出生以后，甚至有可能变得十分神经紧张，以致对语言有一种反感和敌视态度。

❷ 忌噪声。噪声能使准妈妈内分泌功能紊乱，从而使脑垂体分泌的催产素过剩，引起子宫收缩。一定要警惕身边的噪声，更不要收听震耳欲聋的刺激性音乐。

在关于胎教不当致反效果的报道中，最多的要数音乐胎教的问题了，给胎宝宝进行音乐胎教时需要注意，不要直接把录音机或胎教传声器放在腹部，这可能对胎宝宝造成听力损害。

音乐以舒缓的轻音乐为佳，声音不应过大，不要选太悲壮、激烈、亢奋的乐曲，更不要选在一段轻缓的旋律后突然出现一段高亢旋律的乐曲，这可能惊吓到胎宝宝。

❸ 忌不合理的运动。适宜的运动是很有效的一种胎教方法，但是不合理的运动就是胎教中的大忌了，自己做运动或与胎宝宝做运动时，动作一定要轻，抚摸胎宝宝每天不应过频繁，2～4次为好。

❹ 忌不良情绪。准妈妈的情绪状态对胎宝宝

的发育具有重要作用。准妈妈情绪稳定、心情舒畅有利于胎宝宝出生后良好性情的形成，准妈妈一定要格外注意精神卫生，使自己精神愉快、心情舒畅，对生活充满希望。

贴心提醒

人体内都有一个"生物钟"，一般以24小时为周期变动。胎宝宝要把自己的"生物钟"调节为以24小时为周期，需要借助两种手段：一种是通过胎盘从母体那里获得一种叫作褪黑素的激素；二是感受到早晨的阳光。所以准妈妈的作息一定要有规律。

胎教正当时

营养胎教：通过饮食缓解胃肠胀气

胎教须知

腹胀所伴随的食欲下降、便秘，以及造成心理压力而导致准妈妈不易入眠、作息失调等，都是不可小觑的孕期烦恼。针对这种情况，准妈妈最好去医院检查一下造成腹胀的原因，排除一些危险情况。

更多了解

孕期腹胀是准妈妈常见的困扰之一。随着胎宝宝的不断成长，逐渐增大的子宫会压迫到准妈妈的胃肠道，除了会将胃稍微往上推外，肠道也会被推挤至上方或两侧，胃肠在受到压迫下，其中内容物及气体的排出会受影响，从而引起腹胀。

此外，准妈妈怀孕以后，活动量要比孕前减少许多，所以导致胃肠的蠕动减弱，再加上过多高蛋白质、高脂肪食物的摄入，使蔬菜和水果的补充相对不足，造成了大便更容易在肠道内滞留，引起便秘而使腹胀感更加严重。

如果只是孕期的生理变化及个人生活习惯所造成的腹胀，准妈妈可以从注意饮食、加强运动等方面着手，来改善孕期的腹胀问题。

❶ 少量多餐。准妈妈可采用少量多餐的进食原则，每次吃饭的时候记得不要吃得太饱，便可有效减轻腹胀的感觉。

❷ 细嚼慢咽。准妈妈在吃东西的时候应保持细嚼慢咽，进食时不要说话，避免用吸

管吸吮饮料，不要常常含着酸梅或咀嚼口香糖等，以免让过多气体进入腹部。

❸ 补充纤维素。准妈妈可多吃含丰富纤维素的蔬菜和水果，如茭白、韭菜、菠菜、芹菜、丝瓜、莲藕、苹果、香蕉、奇异果等。因为纤维素能帮助肠道蠕动，促进排便。

❹ 多喝温开水。准妈妈每天至少要喝1 500毫升的水，充足的水分能促进排便，如果大便累积在肠道内，腹胀情况便会更加严重。

❺ 保持愉快轻松的心情。紧张和压力大的情绪，也会造成准妈妈体内气血循环不佳，因此学会放松心情在怀孕期间也很重要。

❻ 保持适当运动。准妈妈在怀孕期间做适当运动能促进肠道蠕动，舒缓腹胀情况，建议准妈妈可于饭后30分钟到1小时，到外面散步20～30分钟，可帮助排便和排气。

❼ 简单的缓解腹胀按摩方法：温热手掌后，采取顺时针方向从右上腹部开始，接着以左上、左下、右下的顺序循环按摩10～20圈，每天可进行2～3次，但不要在用餐后就立刻按摩，并要稍微避开腹部中央的子宫位置。

贴心提醒

准妈妈不宜喝冰镇饮料，最好吃常温或加热后的食物，太冷的食物可使胃肠血管痉挛，以致发生腹胀、消化不良等。

营养胎教：自制美味通便燕麦饼干

胎教须知

制作饼干的过程，本身就是恬静的、甜蜜的享受，享受手工的乐趣，享受制作食物的快乐，而且它一定会令准妈妈怀念起小时候简简单单的饼干味道，这种美好的感觉在烤饼干的过程中就跟胎宝宝分享了，吃饼干也是跟胎宝宝分享饼干的香味。

更多了解

制作饼干很简单，最重要的是不容易失败，在家动手做一做，想烤多少都没问题。那么，现在就一起来试试这款燕麦饼干吧。

这款饼干加入了奶油，浓郁的奶香和润滑的口感让饼干增色不少。

需要准备的材料

1/4杯奶油

1/4杯白糖

1个鸡蛋

1杯面粉
1茶匙泡打粉
2杯燕麦片
1/2杯牛奶
1/4杯葡萄干
1/4杯坚果

● 制作步骤

❶ 奶油加热融化成液状后拌入白糖搅匀。

❷ 将鸡蛋打入奶油和糖的混合物中,并搅拌均匀成奶油鸡蛋糊。

❸ 先将燕麦片、面粉、泡打粉混合,再将混合好的燕麦粉倒入奶油鸡蛋糊中,拌匀成面糊。

❹ 拌匀的面糊中加入牛奶、葡萄干、坚果。

❺ 用汤匙将面糊在烤盘上分成若干个球形,烤箱预热5分钟,以180摄氏度烤10分钟即可。

音乐胎教:葫芦丝曲《月光下的凤尾竹》

胎教须知

《月光下的凤尾竹》这首乐曲清幽飘起,仿佛将准妈妈和胎宝宝带到瑞丽江边翠绿欲滴的凤尾竹林,见证一段浓情蜜意的恋爱:月光下,美丽的傣族姑娘轻倚在凤尾竹旁,带着微笑听着远处的阿哥爱慕的葫芦丝声,清澈的双眸中流露出期待的目光,一切都显得那么美好。

更多了解

《月光下的凤尾竹》是一首著名的傣族乐曲,用傣族传统乐器葫芦丝来演奏,更加显得原汁原味。傣族是中国的少数民族之一,聚居在云南省的西双版纳傣族自治州,拥有非常独特的民族特色。可以让胎宝宝也认识一下这个很有特点的民族。

孔雀舞: 傣族人民能歌善舞,很多舞蹈动作及内容模拟当地常见的动物,其中最著名的孔雀舞即为对孔雀优美动作的模仿。

葫芦丝: 是傣族常用的乐器,音乐轻柔细腻,圆润质朴,极富表现力,最适于演奏旋律流畅抒情的乐曲,在傣族舞蹈和音乐中都能听到它演奏的优美的声音。

泼水节：是傣族最富民族特色的节日，时间在公历4月中旬。这一天，姑娘们用漂着鲜花的清水为佛洗尘，然后彼此泼水嬉戏，相互祝愿。

贴心提醒

如果准爸爸会乐器，也可以亲自给准妈妈演奏自己拿手的乐曲，如果两人都会乐器，不妨一起给胎宝宝开个小型演奏会，这样胎教效果会更好。

运动胎教：职场准妈妈可以做的办公室"小动作"

胎教须知

准妈妈需要适当运动，如果在上班的话，可能没有太多的时间与空间来锻炼，可以试试做简单温和的孕妇体操，孕妇体操除了有利于解除疲劳、增强肌力外，也可使胎宝宝的身心得到良好的发育。

更多了解

孕妇体操运动项目是多种多样的，适合的体操主要有坐的练习、足尖运动、踝关节运动等，这些动作很适合在办公室做。

❶ 坐的小动作。在孕期尽量坐在有靠背的椅子上，这样可以减轻上半身对盆腔的压力。坐之前，把两脚并拢，把左脚向后挪一点，然后轻轻地坐在椅垫的中部。坐稳后，再向后挪动臀部把后背靠在椅子上，深呼吸，使脊背伸展放松。

❷ 运动踝关节。准妈妈端坐在椅子上，一条腿搁在另一条腿上，下面的脚平踏地面，上面腿的足尖伸直，踝关节以上不动，缓缓上下活动踝关节数次，然后将足背向下伸直，使膝盖、踝关节和足背成一直线。两腿交替做上述动作。

❸ 动动脚尖。准妈妈端坐在椅子上，两脚平踏于地，尽力上翘两脚尖，翘起后再放下，反复多次，注意脚尖上翘时，脚掌不要离开地面。

贴心提醒

办公室准妈妈最好坚持每天有意识地做一些轻柔的动作，千万不要一直不动地坐在座位上，为了让自己有坚持下去的兴趣，每次做都不要太累，不要勉强，如果可能的话，微微出汗时就可停止。

阅读胎教：漫画《父与子》

胎教须知

漫画会让人不由自主地微笑，甚至是哈哈大笑起来。漫画的夸张、比喻、拟人等手法，总是给我们带来风趣、诙谐、怪诞的艺术享受。而那些有深度的漫画家的智慧，更是能让我们心生敬意。不妨一起多欣赏一些可爱的漫画吧。

更多了解

这里我们献上著名的漫画《父与子》供准爸爸和准妈妈胎教一用。

《父与子》作者埃·奥·卜劳恩（1903—1944年），原名埃里希·奥泽尔，17岁进入莱比锡绘画学院学习，期间他的绘画作品屡屡获奖；1921—1933年，卜劳恩发表了大量的幽默画作，并为作家卡斯特纳绘制插图。1931年他的儿子克里斯蒂安降生。可以说他们这对父子就是漫画《父与子》的原型。

漫画中展现了心地善良、充满情趣、极有乐观精神的父与子的日常生活。父亲有时虽然"体罚"儿子，但我们不难看出父亲对儿子那细腻而让人觉得忍俊不禁的爱，这爱让人感动。这对父子对小动物、对大自然也充满了爱护。他们的爱心、幽默和纯真美好的品质也随着他们的生活传递并感染着每位读者。

贴心提醒

漫画虽好，可不要窝在屋子里看个没完没了哦。保持居家环境的整洁对准妈妈来说同样重要，因此，在气温适宜的情况下，室内要经常通风，以保持空气清新。

语言胎教：歌曲 If You're Happy（《如果你感到快乐》）

胎教须知

语言胎教很重要的一点就是要多次重复，而把内容配上节奏，则更容易记忆。If You're Happy（如果你感到快乐）这首歌里几个单词反复出现，英语、汉语交替着来，节奏简单、明快，非常适合胎教。

更多了解

一

If You're Happy（如果你感到快乐）
If you're happy happy happy
如果感到快乐，快乐，快乐
clap your hands.
你就拍拍手。
If you're happy happy happy
如果感到快乐，快乐，快乐
clap your hands.
你就拍拍手。
If you're happy happy happy
如果感到快乐，快乐，快乐
clap your hands, clap your hands.
你就拍拍手，拍拍手。
If you're happy happy happy
如果感到快乐，快乐，快乐
clap your hands.
你就拍拍手。

二

If you're angry angry angry
如果感到生气，生气，生气
stomp your feet.
你就跺跺脚。
If you're angry angry angry
如果感到生气，生气，生气
stomp your feet.
你就跺跺脚。
If you're angry angry angry
如果感到生气，生气，生气
stomp your feet, stomp your feet.
你就跺跺脚，跺跺脚。
If you're angry angry angry
如果感到生气，生气，生气
stomp your feet.
你就跺跺脚。

三

If you're scared scared scared
如果感到害怕，害怕，害怕
say, "Oh no!"
你就大声说"哦，不！"
If you're scared scared scared
如果感到害怕，害怕，害怕
say, "Oh no!"
你就大声说"哦，不！"
If you're scared scared scared
如果感到害怕，害怕，害怕
say, "Oh no!" say, "Oh no!"
你就大声说"哦，不！"
If you're scared scared scared
如果感到害怕，害怕，害怕
say, "Oh no!"
你就大声说"哦，不！"

四

If you're sleepy sleepy sleepy
如果感到困倦，困倦，困倦
take a nap.
你就小睡一会儿。
If you're sleepy sleepy sleepy
如果感到困倦，困倦，困倦
take a nap.
你就小睡一会儿。
If you're sleepy sleepy sleepy
如果感到困倦，困倦，困倦
take a nap, take a nap.
你就小睡一会儿，小睡一会儿。
If you're sleepy sleepy sleepy
如果感到困倦，困倦，困倦
take a nap.
你就小睡一会儿。

五

If you're happy happy happy
如果感到快乐，快乐，快乐
clap your hands.
你就拍拍手。
If you're happy happy happy
如果感到快乐，快乐，快乐
clap your hands.
你就拍拍手。

If you're happy happy happy
如果感到快乐，快乐，快乐
clap your hands, clap your hands.
你就拍拍手，拍拍手。
If you're happy happy happy
如果感到快乐，快乐，快乐
clap your hands.
你就拍拍手。

胎教同步指导专家方案

语言胎教：故事《小兔的春装》

胎教须知

美好的故事时间，准爸爸、准妈妈不妨轮着来讲。同一个故事不同的人讲，看看胎宝宝会不会有什么不同的反应。

更多了解

小兔的春装

春天来了，大地上的生物焕然一新。

小兔花花刚刚起床，穿着白白的、厚厚的大棉袄。妈妈说："春天来了，该把大棉袄换了。"小兔不听妈妈的话，就直接出去玩了。

小兔走在路上，看见小鸟换了花衣服，问："小鸟，你前几天穿的厚衣服呢？"小鸟说："换了。"小兔问："为什么呀？""因为春天穿着花衣服，花花草草的颜色和花衣服的颜色很相配。而且，春天来了，天气转暖，穿厚衣服太热了。小兔，你还穿着厚厚的大棉袄，赶快回家换了吧！"小鸟一本正经地说。

小兔来到草地，看到有一只蟋蟀在草地上，它也换上了新衣服，蟋蟀看见小兔得意地说："小兔，你这小傻瓜，到了现在还不换春装！"小兔连忙跑回家跟妈妈大声说："妈妈，我也要换春装！"妈妈笑了笑，拿来一面镜子，给它照了照，小兔惊喜地发现自己身上也长了薄薄的一层小白毛，高兴地说："我换上春装啦！"

贴心提醒

朋友之间忠诚、纯正的友谊是多么美的事情啊，准爸爸不妨在闲暇时间里提醒一下准妈妈，是否有很久没有联系过旧日好友了，给她们打个电话或者寄一张特别的明信片吧。

语言胎教：妙趣横生的颠倒歌

胎教须知

在民间有一种颠倒歌，是把事情往反了说。有趣不有趣，滑稽不滑稽，准妈妈先与胎宝宝一起来看一看，锻炼自己和胎宝宝的反应能力。如果有余力，再发挥自己的想象力，自己来编一首颠倒歌吧。

更多了解

民间流传的颠倒歌

东西路，南北走，顶头碰上人咬狗。
拾起狗来砸砖头，又被砖头咬了手。
老鼠叼着狸猫跑，口袋驮着驴子走。

颠倒话，话颠倒，石榴树上结樱桃。
蝇子踢死马，蚂蚁架大桥。
丫丫葫芦沉到底，千斤秤砣水上漂。

我说这话你不信？老鼠衔个大狸猫。

说胡拉，就胡拉，寒冬腊月种棉花。
锅台上头撒种子，鏊子底下发了芽，
拖着几根葫芦秧，开了一架眉豆花，
结了一个大茄子，摘到手里是黄瓜，
舀到碗里是芝麻，吃到嘴里是豆腐渣。

贴心提醒

准妈妈也可以自己编这样的儿歌，可以这样开头："说瞎话，拉瞎话……"然后先想想正确的是怎样的，但读的时候可不能读对了，就好像给人讲笑话，要让听的人哈哈大笑，可不要先把自己给笑倒了。

闪光卡片胎教：识繁体字"愛"

胎教须知

"爱"是什么呢？爱是一家人在一起其乐融融的情景，爱是看着宝宝熟睡的模样，爱是妈妈甜美的笑脸……只要是准妈妈能想到的，在胎教"愛"这个字时都可以在脑中想一遍，让胎宝宝和准妈妈一起感受这股"愛"的暖流。

更多了解

歌颂母爱和母亲的名言美句有很多。世界上有一种最美丽的声音，那便是母亲的呼唤。——但丁

妈妈你在哪儿，哪儿就是最快乐的地方。

在孩子的嘴上和心中，母亲就是上帝。

母爱是人类情绪中最美丽的，因为这种情绪没有利禄之心掺杂其间。

女人固然是脆弱的，母亲却是坚强的。

没有无私的，自我牺牲的母爱的帮助，孩子的心灵将是一片荒漠。

准妈妈将繁体字"愛"制成一张卡片，然后一边发音，一边用手指临摹字形，并且将注意力集中在字的色彩上，以加深印象。在这个过程中，准妈妈要保持平静的心情和集中注意力。

在繁体字"愛"中，有一个"心"。成为准妈妈后，准妈妈会用心为了胎宝宝来安排生活，让他体会深深的爱。这一切都将给胎宝宝提供向未来世界迈出第一步的勇气和力量。可以说，准妈妈的爱，准妈妈用心塑造的安全堡垒，让胎宝宝对外面世界产生信赖与安全感，而这正是一个人产生创造力的源泉。

在学习之前，准妈妈应把呼吸调整得均匀而平静，然后闭上眼睛，在头脑中把"愛"的形状反复描绘即可。

贴心提醒

准妈妈要充满爱心和信心，让胎宝宝感受到爱的暖流，如果准妈妈觉得枯燥，或是感到不自信，这种不良心情会直接影响到胎宝宝，即使坚持胎教，也会收效甚微。

运动胎教：简单的盘腿坐

胎教须知

顺产是准妈妈最期待的事情了！准妈妈在产前可以坚持做一些力所能及的运动，以帮助顺产。盘腿坐练习可以帮准妈妈增加背部肌肉的力量，并且能改善下肢的血液循环对顺产有益。

更多了解

这个练习是为临产做准备的练习，具体做法是：

❶ 地上垫上垫子，准妈妈轻轻坐下，保持背部挺直。

❷ 两腿弯曲，使脚心相对，让脚尽量靠近身体。

❸ 两手抓住脚踝，两肘分别向外压迫大腿的内侧，使其伸展。

❹ 保持这种姿势15～20秒。

❺ 重复第2～4步骤数次。

准妈妈也可两腿交叉而坐，也许会感到更舒服，但在做的过程中注意要不时地更换两腿的前后位置，以免阻碍血液循环。如果感到盘腿坐有困难，可以在大腿两侧各放一个垫子，或者背靠墙而坐，但要尽量保持背部挺直。

准爸爸在准妈妈做这个运动时，一定要从旁做好保护与协助工作哦。

贴心提醒

准妈妈要注意坚持练习一些有助于分娩的辅助动作。如果能在分娩时正确运用这些分娩辅助动作，将对顺利分娩起到很好的作用。

艺术胎教：电影《阳光小美女》

胎教须知

艺术来源于生活，欣赏艺术作品能让我们反省自己的生活；艺术又高于生活，我们欣赏艺术作品的时候又能从不同的角度看问题，变得更包容。用包容的态度看电影《阳光小美女》，最终能察觉到的就是大写的"爱"。

更多了解

影片基本信息

片名：《阳光小美女》，又名《阳光俏佳人》《小太阳的愿望》
英文名： *Little Miss Sunshine*
影片类型： 家庭/剧情/喜剧
片长： 101分钟

影片简介

小女孩生活在一个问题家庭中，家中的每个大人都有不正常的一面。然而这并不怎么影响这个戴一副大眼镜，有一个小肚子的女孩去参加"阳光小美女"的比赛。就这样，一家人陪女孩上路了，其中有：爱说脏话的爷爷、爱夸夸其谈却濒临破产的爸爸、爱抽烟且显得麻木不仁的妈妈、梦想成为空军却一语不发的哥哥，还有那因失恋而自杀未遂的舅舅！

女孩的家人经过激烈争执还是一起陪她踏上寻梦之旅。一路上，因为种种际遇，每个人都经历了努力与希望破灭的考验。但一家人终于学会理解、包容、鼓励与相互支持，展现了亲情的温暖与生活的美好。

贴心提醒

在这部诙谐喜剧里，准妈妈将和"阳光小美女"奥利芙一家人一起度过101分钟快乐时光。想象一下，如果你的宝宝将来也有这样的梦想，你是否支持他呢？有梦想，就要去追求！现实的不理想并不能阻碍人们实现自己的梦想。努力吧！

准爸爸胎教：一起布置婴儿房

胎教须知

胎宝宝就快出生了，准爸爸和准妈妈首先要做的就是为胎宝宝打造一个将来能够自由活动的生活空间，打造一个良好的家居环境，也就是要布置一间舒服的婴儿房。

更多了解

布置婴儿房，要注意以下细节。

❶ 天花板。新生儿会花大量的时间望着天花板，因此要将天花板涂上鲜艳的颜色。但是，不要等到最后才涂漆。至少要在入住前的几个月给房间涂漆，这样才能保证有充足的时间让难闻的油漆味散尽。

❷ 墙面。婴儿房中施工的材料要采用环保型材料，特别是防水涂料、胶粘剂、油漆溶剂（稀料）、腻子粉等。浅色最适宜婴儿房，淡黄色、天蓝色、草绿色这些天然的颜色对宝宝能起到安抚作用。色彩的融入能让整个房间看起来更加生动活泼。

❸ 地板。室内避免选用石材地面，以防宝宝摔倒出现意外。婴儿房内不要铺装塑胶地板，市面上有些泡沫塑料制品（类似于拖鞋材料），如地板拼图，会释放出大量的挥发性有机物，可能会对宝宝的健康造成不良影响。最好选用易清洁的强化地板或不易发生跌打损伤的软木地板。

❹ 饰物。新生儿的视力范围只有20~25厘米，因此最好能在婴儿床和更换尿布区域的上方挂上一些悬挂饰物。饰物的颜色和运动可以提高宝宝对周围环境的注意力。还可以在婴儿床的护栏上装上一面不易摔破的镜子，方便宝宝看到他自己的样子。对于新生儿来说，人的面孔无疑是令他着迷的。

❺ 电器。宝宝的好奇心很旺盛，待宝宝活动能力增强后，只要墙壁上有洞，或是有突起物，他们都会想伸手抠一抠、动一动。因此，婴儿房里若有插座或电器开关，最好是能让它远离宝宝的视线范围（用家具挡住），超出他所能够到的高度。若有使用延长线，最好固定在墙边，而不要散落在地面上，也可以买电源保护器。

贴心提醒

准爸妈要特别注意玩具的选择，任何长度小于5厘米、直径小于3厘米的小玩具及零件，或是日用品如发夹、螺丝钉、铜板等小东西，都要放到宝宝够不着的地方。

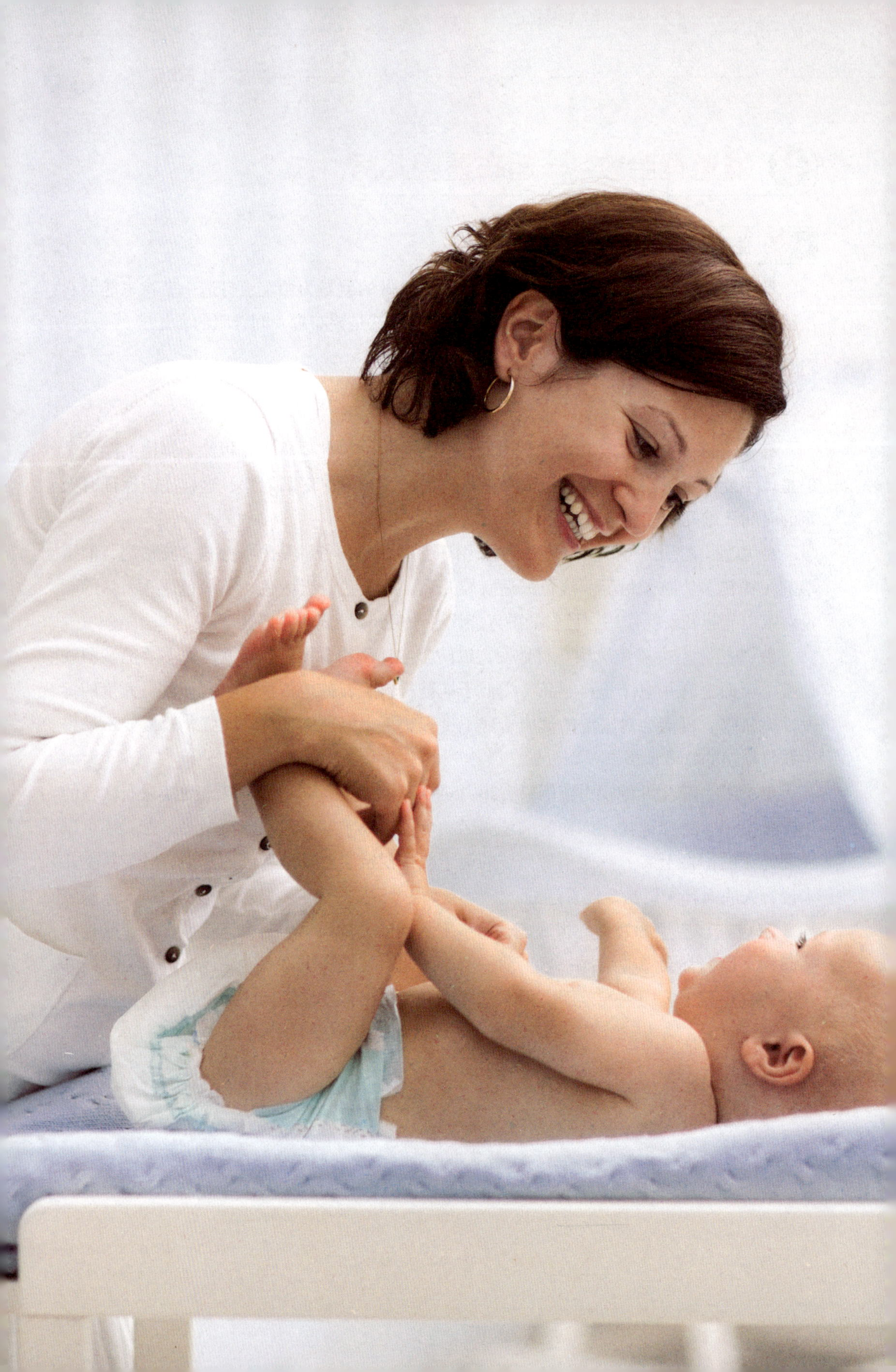

孕9月

胎宝宝新变化

胎动逐渐减少

胎教须知

孕9月，胎宝宝的体重在继续增加，到本月末，胎宝宝身长为45～50厘米，大约重2 700克，已经是个足月儿了。一般来说，胎宝宝在预产期的前后两周分娩都算正常，在37～42周出生的胎宝宝即为足月宝宝，准妈妈应做好胎宝宝随时会出生的准备。

更多了解

所有器官基本发育完成

胎宝宝的器官几乎都已发育成熟，能够倾听、感觉，甚至可能看见周围模糊的轮廓。脾脏发育完成，胰腺可以分泌胰岛素了，肾也发育完全了，胎宝宝还在不断地吞咽羊水。肺部发育完全，除了不会哭，他现在基本具有新生儿所有的行为能力，如果现在早产也能很好地存活下来，并且基本上不会有与早产相关的严重问题，准妈妈不必过于担心了。

胎宝宝中枢神经系统接近成熟，因此反应更灵敏，在熟睡状态下很容易被惊醒。如果准妈妈模仿小孩子的语气和声音跟他说话，更能引起他的注意。

胎动逐渐减少

随着胎宝宝的入盆，他的活动空间变小，他渐渐不愿意在这狭小的空间内活动，只有在处于一个很不舒服的位置时，才会勉强扭动一下。不过准妈妈不要担心，只要感觉到胎宝宝在蠕动，就说明他很好。

身体骨骼变结实

胎宝宝不但体重在增长，骨骼也都在变硬，小身体变得更加结实。不过胎宝宝颅骨还是软软的，也没有完全闭合，这种可变形的结构是为生产时头部能够顺利通过产道做准备的。胎宝宝的颅骨板（也就是新生宝宝头顶的囟门）直到他9～18个月大时，才会完全闭合。

胎头开始入盆

在孕9月里，大部分胎宝宝将身体转为头位，即头朝下的姿势，完全倒立了，头部已经下降入骨盆,紧压在准妈妈的子宫颈口。也有的胎宝宝会到分娩的时候才入盆。从现在开始,医生会格外关注胎宝宝的位置,因为胎头朝下的姿势更容易自然分娩,如果是其他姿势的话,医生就会采取措施进行纠正。

贴心提醒

日渐沉重的腹部会让准妈妈容易疲惫,不愿意走动,但一定要坚持做轻柔的运动哦,适当散散步,这会让准妈妈在生产的时候更加轻松。

胎教新知

怀孕让准妈妈变笨了吗

胎教须知

科学家研究发现,雌激素和孕激素水平的升高,会使大脑海马的树突棘的密度增加,这会增大神经突触的表面积,由此可能会提高学习和记忆力。因此,怀孕并不会降低准妈妈的智力,相反由于体内激素水平的升高还会使准妈妈变得聪明。

更多了解

不少准妈妈感觉自己怀孕后记忆力就明显不如以前了,做事情总有点丢三落四,说话的反应也比以前迟钝,这是不是说明怀孕会让人变笨呢?

其实怀孕是不会降低准妈妈的智力的,之所以会觉得自己变笨,可能有两方面的原因。一是因为体形变得越来越臃肿,身体负担越来越重,体力大不如前,注意力难以集中,所以有做起事来有"笨手笨脚"的感觉。二是怀孕后沉浸在喜悦中,精力都放在了对胎宝宝的关注上,因

此对其他事情显得有点心不在焉,从而影响了对其他事情的记忆力,觉得自己变笨。

这些都是暂时的,等准妈妈生产完后,生理的各种变化都会逐渐恢复正常,记忆力也会恢复。

准妈妈还会觉得,自己变得更加勇敢了,只要是为了保护胎宝宝,为了胎宝宝好,一切痛苦都可以承受。

贴心提醒

虽然准妈妈的学习和记忆力可能因怀孕而有所提高,但不提倡准妈妈现在过于努力地学习;因为怀孕期间注意力不容易集中,生理上的不适会影响学习的效率,同时学习负担还会影响怀孕。

小心运动后的不良反应

胎教须知

怀孕后,准妈妈的身体一直在变化,重心改变了,体重增加了,也更容易觉得累了,所以在运动时要格外小心,随时关注自己身体的反应,千万不要勉强自己。

更多了解

运动后出现以下情形都是不正常的,需要根据情况及时处理。

❶ 恶心。运动后感到恶心,说明运动量过大。一般情况下稍事休息可缓解。

❷ 头晕。若感到持续的头晕,甚至同时出现视物模糊、头疼或心动过速的现象,可能是重度贫血或其他严重疾病的征兆,会影响准妈妈和胎宝宝的健康。

❸ 体温突然变化。如果手变得又湿又凉,或者感到忽冷忽热,说明可能是身体体温调节中枢出现了问题,应及时就医。

❹ 心动过速。若锻炼时不能顺畅自如地谈话或出汗太多,说明运动量很可能过大。

❺ 阴道出血。在孕早期,阴道出血可能是流产的预兆。而在孕中、晚期,阴道出血则可能预示着早产、前置胎盘或胎盘早剥等。出现这些情况都需要马上到医院检查并治疗。

❻ 视物模糊。锻炼过程中发现视物模糊,可能是脱水导致的血压骤降、心脏负荷过重。这会导致流向胎盘的血流量减少,使胎宝宝得不到足够的营养。此外,也可能是先兆子痫(子痫前期)的征兆。如果出现视物模糊的情况,要马上去医院检查,若情况紧急应看急诊。

❼ 腹部反复出现尖锐疼痛。可能仅仅是韧带拉伸引起的,但也可能是发生了宫缩。若这种疼痛出现的间隔差不多长,且反复出现时,更有可能是宫缩。

贴心提醒

如果运动量过大,说明准妈妈需要停下来休息一下。判断自己是否运动过量可以从这几个方面来看:一看呼吸,是否上气不接下气,气喘吁吁,话都说不出来了;二看心跳,是否心脏"咚咚"地跳得很快;三看出汗,是否大汗淋漓,如果是微微出汗则说明刚刚好。

胎教正当时

动脑时间：玩转七巧板

胎教须知

七巧板对思维力、想象力、图形分析、创意逻辑等方面有很好的锻炼作用，是开发智力的一种好工具。

更多了解

七巧板又称"益智图""智慧板"，是一种拼图游戏，简简单单的七块板能拼出千变万化的图形，不仅能拼几何图形（三角形、平行四边形、不规则的多边形等），还能拼各种可爱逼真的形象，如猫、狗、房子，或是中、英文字符号等。

七巧板可以自己制作，制作方法也很简单。

- 需要准备的材料

笔（需要有不同颜色的画笔）、尺、剪刀、一块纸板。

- 制作步骤

1 首先，在纸上画一个正方形，把它分为16个小方格。

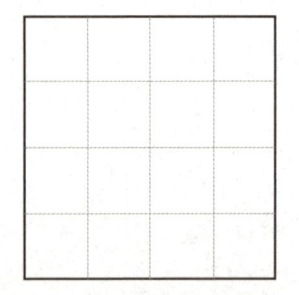

2 按下图所示画线。

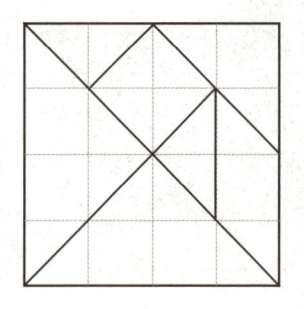

3 把它们涂上不同的颜色并沿黑线剪开，就可以拥有一副全新的七巧板了。

| 孕9月 |

以下是两种漂亮的拼图图案，分别是：小房子、小猫咪。准妈妈不妨也动手一试，据说七巧板能拼出超过1 600种图案，准妈妈可以和胎宝宝一起探索一下，看看你们能拼出多少种。

贴心提醒

曾经有一部动画片，里面所有的背景、人物等都是用七巧板拼出来的，堪称一绝。准妈妈也可以借鉴一下，用七巧板来讲故事给胎宝宝听，将数十幅七巧板图片连成一幅幅连贯的图画，再根据图画内容改编成故事讲给胎宝宝听，相信这样生动的故事胎宝宝一定很爱听。

营养胎教：有助于顺产的食物

胎教须知

顺产无论对于准妈妈还是胎宝宝都有很多的好处。对妈妈来说具有产后恢复快，生产当天就可以下床走动，产后可立即进食等好处；对胎宝宝来说，从产道出来时肺功能可以得到锻炼，产道的压迫会对大脑产生积极作用等。

更多了解

建议准妈妈在条件成熟的情况下尽量选择顺产，孕晚期是储备分娩能量的时期，准妈妈除了做一些必要的锻炼，还可以在饮食上增加一些有利于顺产的食物，将它们合理安排到每天的食谱中去。

有研究表明，准妈妈的分娩方式与其孕期饮食中锌含量有关。锌对分娩的影响主要是可以增强子宫有关酶的活性，促进子宫平滑肌收缩，有助顺产。

肉类中的猪肝、猪肾、瘦肉，海产品中的紫菜、牡蛎、蛤蜊，豆类食品中的黄豆、绿豆、蚕豆，坚果中的花生、核桃、栗子等均含有丰富的锌，准妈妈可适量多吃。

另外，如果在最后一个月里，准妈妈维生素B_1摄入不足，容易引起呕吐、倦怠、体乏，影响分娩时子宫收缩，使产程延长、分娩困难，因此准妈妈适量多吃含维生素B_1的食物有利顺产。

维生素B_1主要存在于种子的外皮和胚芽中，谷类食物一般含维生素B_1较多，但谷类食物碾磨得越精细，维生素B_1的含量就越少；植物性食物中，豆类和花生含维生素B_1最多；动物性食物中，畜肉及内脏含维生素B_1很多；干酵母中含维生素B_1最高，每100克为6.53毫克，可以作为维生素B_1的补充来源。

贴心提醒

这个阶段胎宝宝的身体发育已经成熟，主要是皮下脂肪在增多，因此，在最后几周里，准妈妈的饮食量不需要刻意地增加，按照自己能吃饱的饮食量就已经足以为胎宝宝提供足够的营养。若摄入营养过量，则很容易使胎宝宝长得太大，在出生时造成难产。

营养胎教：准妈妈产前太瘦怎么吃

胎教须知

到了孕期最后阶段，如果准妈妈的体重增加非常缓慢，甚至有所下降。整个孕期的体重增加太少，产检时医生也判断胎宝宝过小，就说明准妈妈太瘦了，宝宝出生后很可能体重过低，低体重儿出生后往往发育迟缓，所以一定要在产前尽力纠正体重，尽量补足营养。

更多了解

产前太瘦的准妈妈要增重可以从调整饮食上着手。

❶ 多吃天然、健康的食品。太瘦的准妈妈可能营养缺乏，因此在能吃得下饭时一定要吃得更有营养，不要总吃加工类的食品，蔬菜、水果、蛋、奶、鱼、坚果等会是更好的选择。

❷ 增加优质蛋白质的摄入。蛋白质是十分重要的营养素，太瘦的准妈妈可以适量增加优质蛋白质的摄入，优质蛋白质通常是指鱼、肉、蛋、奶、豆类等含有的蛋白质，优质蛋白质更容易被准妈妈身体吸收。

❸ 巧妙增加油脂与能量的摄入。适当增加肉类饮食，因为肉中含有脂肪比较多，如果吃不下太多，可以在日常饮食中适当增加坚果、芝麻、植物油等油脂含量较高的食物，巧妙地将它们加入准妈妈喜欢的食物中，只要常有意识地增加能量摄入，就可以逐渐达到增重的目的。

❹ 不拘泥于少食多餐。一般来说，怀孕后少食多餐会更舒服，但对于太瘦的准妈妈来说，这反而可能是限制。大多数太瘦的准妈妈都食欲不振，假如餐前一两个小时吃了点东西，到了正餐往往就吃不下什么了，最好是看准妈妈的习惯，如果习惯了一日三餐到点吃饭，那么正餐时吃得下就要多吃一点，假如正餐之外饿了，也不要作为加餐来处理，就当正餐一样吃，睡前如果情绪好，可以喝一碗粥、吃上一两片面包或喝点牛奶等，这样有利于增重。

❺ 食物烹调多一些新鲜感。瘦的准妈妈常常都有挑食的问题，这短期内很难改变，家庭成员需要多迁就准妈妈。多按照准妈妈的喜好来烹调食物，时常安排准妈妈喜欢的颜色搭配和食物种类，同时不断变换花样和搭配，新鲜感可以刺激味蕾，增进食欲。同时可以将蔬菜尽量炒来吃而不是凉拌，吃米饭时可以拌些芝麻，喝牛奶时可以撒些麦片等。

营养胎教：适当多吃安神食物

胎教须知

随着腹部越来越大，准妈妈常常因为身体不适难以入眠，可以适当多吃一些安神食物。

更多了解

百合： 百合无论是干品还是鲜品，均含有丰富的蛋白质、脂肪、钙、磷、铁以及维生素等，是孕期营养佳品。有润肺止咳、清心安神、清肺润燥、滋阴清热、理脾健胃的功效。准妈妈可以熬百合粥，在加餐时少量进食。

莲子： 莲子味甘、涩，性平，具有健脾养胃、镇静安神、补中益气、聪耳明目的功效。以莲子为原料煲的汤为滋补元气的珍品。准妈妈可以在晚餐时喝碗莲子汤，安神助消化。

红枣： 红枣味甘，性平，具有补益脾胃、养血安神的功效。红枣可以当零食吃，但不要过量，每天2~3枚即可。

黄花菜： 黄花菜味甘，性凉，有安神、止血、消炎、清热、利湿、消食、明目等功效，对孕期便秘、孕期失眠等有疗效。

贴心提醒

睡觉的时候，准妈妈最好保持左侧卧位，将一个枕头放在两腿之间，可以让自己更舒服一些。

语言胎教：童趣古诗五首

胎教须知

孩童从来都是极让人心动的群体，他们的一举一动都趣味十足，让人心生怜爱，那不知道把自己藏起来的采莲孩童，那专心致志钓鱼的幼儿，还有那满山追捕蝴蝶的小子……多想象一些这样的场景，也是很好的胎教。

更多了解

今天，就让我们一起来品读饶有童趣的五首古诗吧。

池上
（唐）白居易

小娃撑小艇，偷采白莲回。
不解藏踪迹，浮萍一道开。

小儿垂钓
（唐）胡令能

蓬头稚子学垂纶（lún），侧坐莓苔草映身。
路人借问遥招手，怕得鱼惊不应人。

宿新市徐公店
（宋）杨万里

篱落疏疏一径深，树头花落未成阴。
儿童急走追黄蝶，飞入菜花无处寻。

所见
（清）袁枚

牧童骑黄牛，歌声振林樾（yuè）。
意欲捕鸣蝉，忽然闭口立。

村居
（清）高鼎

草长莺飞二月天，拂堤杨柳醉春烟。
儿童散学归来早，忙趁东风放纸鸢（yuān）。

语言胎教：给胎宝宝讲小时候的事

胎教须知

孕9月，胎宝宝不仅能听到人们的讲话声和其他声音，而且还能分辨男性和女性的声音，熟悉与不熟悉的声音。准爸爸、准妈妈可以轮流跟胎宝宝讲话。

更多了解

还有1个月胎宝宝就要出生了，他将要开始自己小时候的生活，相信想到这里准妈妈和准爸爸一定都对这样的生活充满了期待，那些自己小时候和一大群小朋友一起玩到天黑的日子，那些跳皮筋、丢沙包、跳房子的故事……不妨将自己记忆中的这些美好情景讲出来，让胎宝宝也感受你的美好记忆。

准妈妈还可以邀请胎宝宝的外婆或者奶奶，为自己和胎宝宝讲一讲自己或者准爸爸小时候的事情，很可能准妈妈和胎宝宝都会是第一次听到这些事情呢，这会带给准妈妈和胎宝宝很多的惊喜，不过由于胎宝宝较熟悉准妈妈的声音，因此在和老人家聊天的时候准妈妈不妨巧妙适时地对胎宝宝重复一次谈话的内容，比如："宝宝，你听到了吗？奶奶说爸爸小时候可爱哭鼻子呢。"

贴心提醒

准妈妈若是语调平和、温暖，胎宝宝会很享受，而当准妈妈和人争吵甚至沮丧时，他也会焦躁不安，甚至用动作来与准妈妈一起回应，因此在准妈妈"粗声粗气"前，一定要多多留意胎宝宝的感觉。

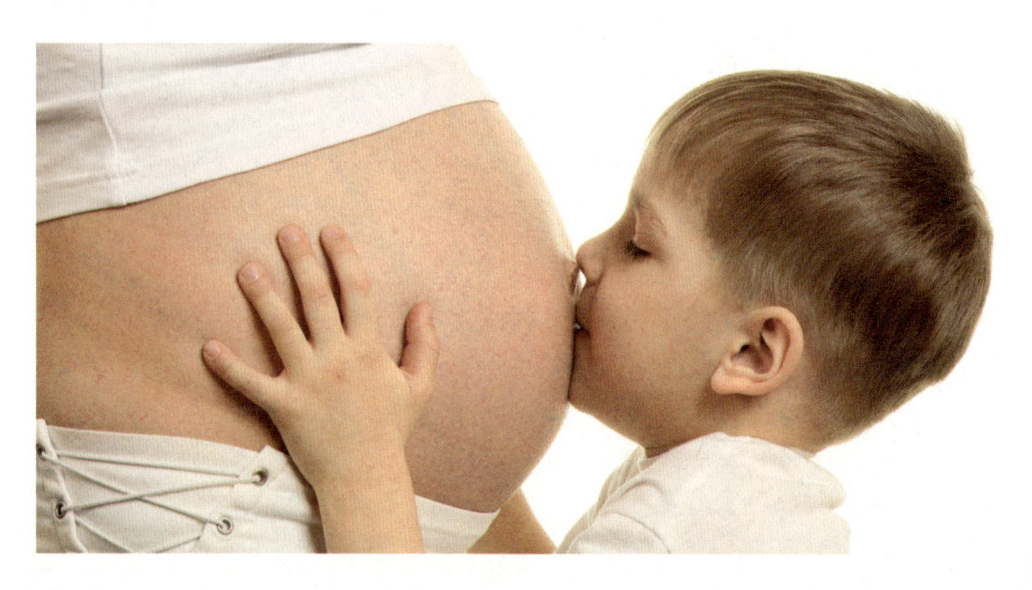

阅读胎教：诗歌《雪花的快乐》

胎教须知

一朵小雪花悄悄降临人间，他在寻找自己飘落的方向，徐志摩的这首《雪花的快乐》意境非常优美，静下心来，给胎宝宝读读看。

更多了解

雪花的快乐

——徐志摩

假如我是一朵雪花，
翩翩的在半空里潇洒，
我一定认清我的方向——
飞扬，飞扬，飞扬——
这地面上有我的方向。
不去那冷寞的幽谷，
不去那凄清的山麓，
也不上荒街去惆怅——
飞扬，飞扬，飞扬——
你看，我有我的方向！
在半空里娟娟的飞舞，
认明了那清幽的住处，
等着她来花园里探望——
飞扬，飞扬，飞扬——
啊，她身上有朱砂梅的清香！
那时我凭借我的身轻，
盈盈的，沾住了她的衣襟，
贴近她柔波似的心胸——
消溶，消溶，消溶——
溶入了她柔波似的心胸！

贴心提醒

在熟悉这首诗歌后，准妈妈不妨将这首诗歌的内容作为冥想的材料。想象胎宝宝就是一朵小雪花，从天空中飘然落下，旋转着，旋转着寻找准妈妈的温暖的怀抱，最后，小雪花悄然落入准妈妈的怀中，变化成宝宝，让准妈妈幸福地抱个满怀。这种放飞想象的过程可以让准妈妈心绪宁静，缓解产前焦虑。

阅读胎教：短文《飞不走的蝴蝶》

胎教须知

有一些文字，它不复杂，也无悬念，却能穿过我们的眼球、耳朵，进入我们的脑海让我们忘不掉，那些简单真挚的情感，像悠扬的音乐一样，时常在脑海中响起，就仿佛时间的流逝不存在一样。这样的文字最容易引起心境变化，让我们更安宁。

更多了解

飞不走的蝴蝶

妈妈，蝴蝶是飞不走的，你的斜条纹的衣裙，没有洒上我们伊利里亚人梦中的香水，但是，妈妈，蝴蝶是不会飞走的。

你的慈爱是圣那安露一片低缓的谷地上，静默开放着的天竺花，当风吹来又逝去的时候，你就只有沉默了；当一群黄莺匆匆忙忙地摇振翅翼，你就只有孤独了；而当一只有油画颜色的蝴蝶飞进你的柔情，妈妈，你的眼睛像凤岛上明亮的灯光。

你曾对父亲说，要给所有的人以爱，他纠正说：不，是慈爱。那以后不久，你就拥有一位带着克朗镇风味的女儿。

记得你叫过我猫咪，我叫一声就跑开了；你还叫过我法绒犬，后来，我真的像犬一样地独自在家园外遥远的路途上逡巡。

妈妈，那一次的外出好险呵，我刚刚读完一篇《为爱喝彩》，结果，在傍晚，你和父亲几乎和夕阳一道我遍整个地球。

深夜，你又重新唱起了歌："飞走的蝴蝶呵，留下一片花园在悲怆。"

妈妈，想起因年轻而萌发的草率，即使你不是温馨的花园，我却已经是一只懂事的蝴蝶，一只再也飞不走的蝴蝶。直到你枯萎，直到我变成空气中一粒微不足道的尘埃，我也是伊利里亚一座叫作安妮的花园里一只飞不走的蝴蝶。

——玛丽·格丽娜（美国）

音乐胎教：一起来学唱 Do-re-mi

胎教须知

音符可以刺激胎宝宝的大脑，形成音乐记忆，为后天的音乐才能奠定基础，使胎宝宝拥有更多的音乐天赋，胎儿期是对胎宝宝进行音乐启蒙的关键阶段，准妈妈千万不要错过了。

更多了解

1.练习音符发音。例如："do-re-mi-fa-so-la-ti-do" "do-re-mi-fa-so-la-ti-do"。反复轻声教唱若干遍，每唱完一个音符停顿几秒钟，给胎宝宝复唱的时间。

2.在教胎宝宝唱音符时，室内应保持安静，尽量避免噪声干扰。每天教唱1~2次，每次3~5分钟。最好定时教，并拟定一个施教计划，由夫妻二人交替进行。

有助于胎宝宝学习音符的儿歌

Do-re-mi	哆来咪
Let's start at the very beginning	让我们从最简单的开始
A very good place to start	一个好的开端
When you read you begin with A-B-C	当你读你就开始在ABC
When you sing you begin with do-re-mi	而当唱你就开始于哆来咪
Do-re-mi, do-re-mi	哆来咪，哆来咪
The first three notes just happen to be	碰巧是最早的三个音符
Do-re-mi, do-re-mi	哆来咪，哆来咪
Do-re-mi-fa-so-la-ti	哆来咪发索拉西
Let's see if I can make it easy	让我们看看能不能简单点
Doe, a deer, a female deer	鹿，是鹿，一只母鹿
Ray, a drop of golden sun	光，是金色的夕阳
Me, a name I call myself	我，那是我的名字
Far, a long, long way to run	远，长长的路要跑
Sew, a needle pulling thread	绣，是针儿穿着线
La, a note to follow Sew	啦，就跟在嗖之后
Tea, a drink with jam and bread	茶，是饮料配面包
That will bring us back to Do (oh-oh-oh)	那就让我们再次回到哆
Do-re-mi-fa-so-la-ti-do So-do!	哆来咪发索拉西）

贴心提醒

在教唱时，准爸妈应该充分地发挥自己的想象力，就好像子宫中的胎宝宝会神奇地张开蓓蕾似的小嘴，随着准爸妈的音律和谐地跟着学唱。

音乐胎教：圆舞曲《小狗圆舞曲》

胎教须知

《小狗圆舞曲》为简单的三段体。在四小节序奏后，主旋律以反复回转的形态出现，其速度之快令人"耳不暇接"，中段则是甜美而徐缓的旋律，与第一段的急促形成鲜明的对比；第三段为第一段之反复。听这首曲子会让人莫名高兴起来，忍不住要笑，非常适合胎教。

更多了解

谁会想到，这首乐曲会与作曲家肖邦的甜蜜爱人乔治·桑的宠物有关呢？

弗里德里克·弗朗索瓦·肖邦（1810—1849年），波兰作曲家、钢琴家，他是欧洲19世纪浪漫主义音乐的代表人物，也是历史上最具影响力和最受欢迎的钢琴作曲家之一。

传说肖邦的情人乔治·桑喂养着一条小狗，这条小狗有追着自己尾巴团团转的"兴趣"。肖邦依照乔治·桑的要求，把"小狗打转"的情景表现在音乐上，遂成此曲。因为与小狗有关，便叫《小狗圆舞曲》。乐曲以快速度进行，在很短的瞬间终了，因此又被称为《瞬间圆舞曲》或《一分钟圆舞曲》。

贴心提醒

为了保证胎教效果更好，每种音乐应尽量连续播放几天，让胎宝宝有足够的时间来熟悉。

音乐胎教：一起来学乐曲

胎教须知

选择一些节奏较明显的胎教乐曲，用单曲循环的模式播放给胎宝宝听，胎宝宝容易被节奏明快的乐曲所吸引，如果不断地强化，胎宝宝出生后会表现出对这些乐曲有记忆的反应，这样就为胎宝宝出生后的音乐天赋打下了良好的基础，给新生宝宝再次听这些乐曲时，他会表现出极大的兴趣。

更多了解

儿歌一般都是节奏明快，朗朗上口的，准爸爸准妈妈选择乐曲时可以从这方面着手，其他合适的乐曲也可以，下面我们推荐几首。

❶《小燕子》。边唱边联想燕子飞舞的动作，如果准妈妈擅长讲故事，用童话般的语言将春天的景象描述给胎宝宝听也不错。

❷《歌声与微笑》。边唱边在脑海里构成一幅幅春花遍山野的美丽画面。

❸《早操歌》。学唱时想象一下春、夏、秋、冬四季的变化，假设胎宝宝正在做早操。

用柔和的声调唱轻松的乐曲，同时想象胎宝宝正在聆听，可以达到心音的谐振，胎教效果很好，如果会乐器的话，还可以边唱边弹奏乐器，这样的全身心互动效果会更好。

在任何时候，打扫房间、做饭、晾衣服时，都可以哼唱和胎宝宝一起学的乐曲，让胎宝宝多听一听准爸妈的歌声，对胎宝宝身心皆有益处，要注意哼唱时声音不要太大，小声说话时的音量就可以。

贴心提醒

准妈妈千万别因担心自己没有音乐细胞而拒绝给胎宝宝唱歌，胎教与表演不同，只要准妈妈对胎宝宝怀有一片深情，那么准妈妈的歌声在胎宝宝听来就是最悦耳动听的，相对专业的音乐教育来说，胎宝宝更喜欢准妈妈的声音。

艺术胎教：电影《新鲁冰花》

胎教须知

看一部好的电影，除了能享受看电影的过程，准妈妈还可以得到启发，如何爱宝宝？如何保护宝宝的天性和才能？如何与宝宝相处？如何理解、尊重、帮助宝宝，为宝宝插上梦想的翅膀？似乎不需要用太多的言语去解释，准妈妈看了此片定会有自己的感悟。

更多了解

影片基本信息

片名：《新鲁冰花》
导演：陈坤厚
主演：陈至恺，周幼婷，吴浚恺
片长：96分钟

影片简介

电影《新鲁冰花》以20世纪70年代的中国台湾为背景，描述年轻美术老师郭云天来到偏远茶乡小学教书，与具绘画天分的男孩古阿明产生的师生情。

《新鲁冰花》没有复杂的故事情节，没有深奥的言语，带给我们的却是整个生命的诠释，一个梦想改变人的整个童年，一颗坚持的心改变整个人，如此的真实与朴实。

准爸爸胎教：孕晚期尽量了解相关知识

胎教须知

每次产检跟医生交流的时间都不多，准妈妈能够从医生那里得到的知识很有限，主动储备一些分娩的相关知识是必要的。但这不是准妈妈一个人的事情，准爸爸也要多学习，这是进入爸爸角色的必要准备，也可以提升在准妈妈孕晚期及产后自己应对各种未知问题的能力。

更多了解

在准妈妈接受产检的医院，一般都会定期举行孕期知识培训课程，以及一些产前宣传教育，这些课程基本涵盖了所有孕期问题，包括准妈妈营养保健、孕期心理健康、骨盆操、分娩止痛选择、胎宝宝发育、母乳喂养、新生儿护理、产后保健、如何防止产后抑郁等。

孕期知识培训课程通常安排在周末，白天、晚上都会进行，而且大部分都鼓励准爸爸参加，为方便准妈妈，每堂课时长仅为1~2小时。准爸爸最好每次都抽时间陪准妈妈参加，现在很多医院都会手把手教准爸爸练习各种手法和技巧，这是非常好的机会。

贴心提醒

参加孕期知识培训课程并不是唯一了解孕期知识的方法，多看相关的书刊、电视节目等也是很有益的，如果准爸爸能与准妈妈一起读相关的胎教育儿书籍或杂志，还能帮助准妈妈调节情绪。

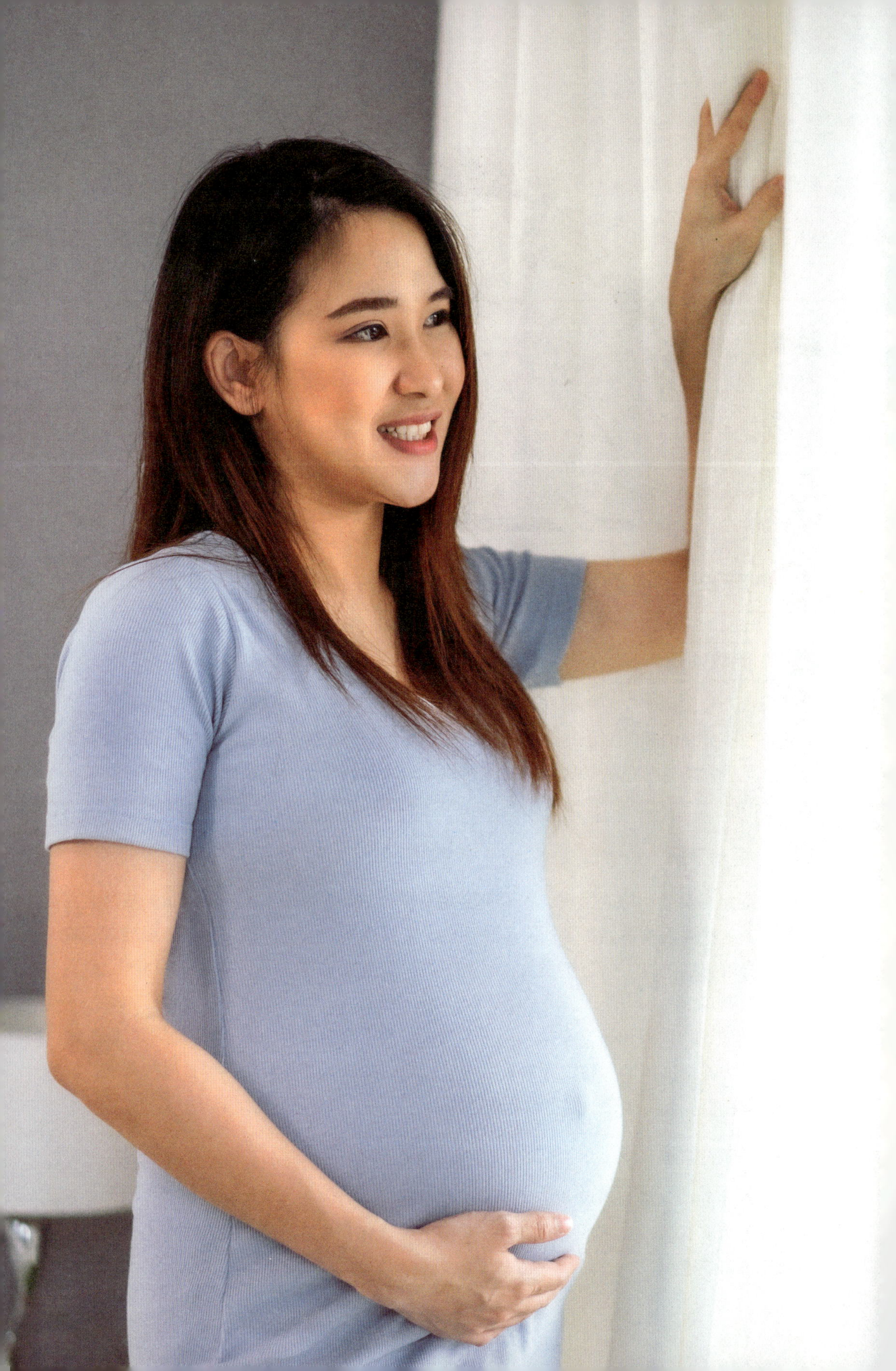

孕10月

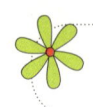

胎宝宝新变化

🌼 等待降生的那一刻

🌸 胎教须知

胎宝宝出生时平均身长大约为52厘米，体重一般都在3 500～4 000克，应注意尽量避免让宝宝的体重在4 000克以上。胎宝宝身体内的所有器官和系统都已发育成熟，随时可能出生，准妈妈要特别关注临产的征兆。

🌸 更多了解

● 胎宝宝的器官已经完全发育

孕10月，胎宝宝的各个器官发育完全并已各就各位，胎宝宝的神经细胞数目已基本发育完成，脑部开始了工作；肺表面活性物质开始增加，使肺泡张开，肺足以发挥功能了，但肺部正式运作需要胎宝宝的第一声啼哭。手、脚的肌肉变得发达，骨骼也变硬了，能够有力地抓握和踢腿，但现在他活动的空间变小，胎动也有所减少。

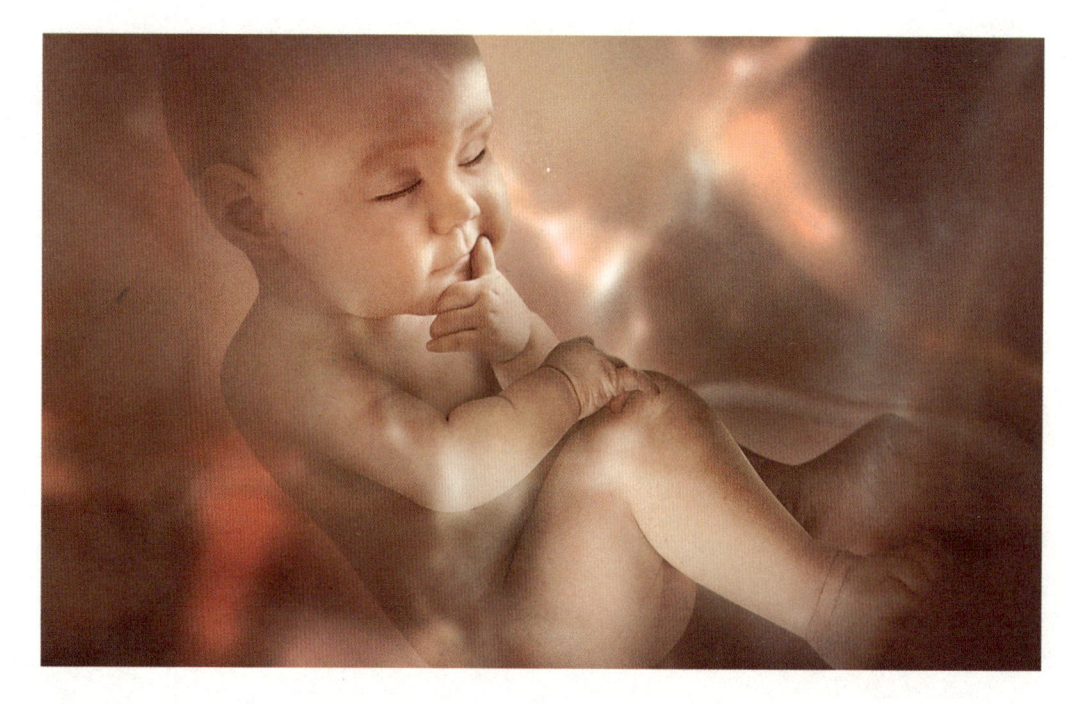

● 随时等待降生

胎宝宝头部现在已经完全入盆，随时等待着降临人世。胎宝宝这时会在骨盆腔内摇摆，让自己的身体继续向下，周围有准妈妈骨盆的骨架保护，很安全。

但有的胎宝宝的头始终没有转下来，此时，医生可能会建议准妈妈顺其自然，并选择一个合适的时机进行剖宫产。

● 免疫系统已经建立

这个阶段，胎宝宝本身的免疫系统虽已建立，但还不十分成熟，为了补偿这种不足，胎宝宝可以通过胎盘接受来自准妈妈的抗体，从而抵御一些疾病，如流行性感冒。宝宝出生后，新妈妈还可以将抗体通过母乳输送给他，给他提供保护。这正是提倡母乳喂养的原因之一。

贴心提醒

胎宝宝在预产期前两周和后两周出生都是正常的，准妈妈不要着急，在孕10月坚持每周产检一次就好。

胎教新知

帮准妈妈克服对分娩的恐惧

胎教须知

不少准妈妈由于没有分娩经验，因此总会有些精神紧张或不知所措，对分娩产生恐惧心理，这种心理对顺利分娩是很不利的。这时候，准爸爸能给准妈妈很大的帮助，尤其是在准妈妈生产前，准爸爸要发挥自己特有的魅力，帮助准妈妈战胜对分娩的恐惧。

更多了解

爱是准爸爸给准妈妈最大的支持，这不用特意训练，会融入生活的点点滴滴中。准爸爸要常常抚摸、拥抱、亲吻准妈妈，学会表达自己的情感，学会赞美，这些是帮助准妈妈战胜恐惧的良方。

另外，人的恐惧大多是由于缺乏科学知识以及胡思乱想造成的，所以，准爸爸可以多了解一些分娩知识，然后跟准妈妈讲解，并在她需要的时候给予提醒，告诉她分娩其实是可以控制的，不会出现问题，消除她对分娩的未知和恐惧情绪。此外，准爸爸可以配合准妈妈练习一些分娩技巧，比如生产时的呼吸技巧、用力技巧、吃东西的技巧等，让准妈妈对分娩建立信心。

准爸爸还可以经常带准妈妈去看望亲戚朋友家漂亮健康的小宝宝们，并引导准妈妈想象自己家宝宝的可爱样子，通过各种方式给准妈妈积极的心理暗示，让准妈妈对自己的分娩充满期待，积极的心理因素可让事态向好的方向发展。

要提前做好分娩准备，包括孕晚期的健康检查、心理上的准备和物质上的准备。一切准备的目的都是希望母婴平安，准备的过程也是对准妈妈的安慰。如果准妈妈了解到家人及医生为自己做了大量的工作，并且对意外情况也有所考虑，那么，她的心中就应该有底了。

贴心提醒

家人最好不要谈论自己或者别人曾经分娩的惊险经历，这样会增加准妈妈对分娩的恐惧。

准爸爸的产前焦虑

胎教须知

很多准妈妈在怀孕的过程中，会产生强烈的恐惧感、孤独感，也就是所谓的"产前焦虑症"。其实，准爸爸也面临着很大的压力，也有可能会患上产前焦虑症。情况严重的准爸爸还有可能会出现恶心、呕吐等不适。

更多了解

焦虑是负面的情绪，可能会影响到准妈妈的情绪，胎宝宝也会连带着受到影响，所以准爸爸一定要采取方法，克服焦虑的情绪。

当准爸爸感觉到焦虑正渐渐地袭来时，要想办法让自己放松些，比如适当的休息、充足的睡眠、适量的运动以及均衡的饮食等。不要让这种负面情绪不断加重。一定要控制住自己，想点高兴的事，而不是沉浸在恐惧的泥潭中。

要学会寻求帮助。每个人都需要帮助，准爸爸也应该学会利用周围资源的力量，把压力分出去。想想看目前和宝宝到来时到底需要什么帮助，需要什么人帮助。从现在开始建立一个支持系统，可以包括妻子、父母、兄弟姐妹、朋友、医生等。学会向他们倾诉自己的焦虑，不要把自己的焦虑情绪藏起来。如果把自己的焦虑情绪藏起来，没有及时地宣泄出来，积累到一定程度以后，反而更不容易得到缓解。

焦虑的时候可以摸摸胎宝宝。在胎宝宝胎动时，用手摸摸准妈妈的肚子，感受胎宝宝的各种动作。这样做有助于让自己体会越来越真实的准爸爸角色，成就感会油然而生。这也是在感受胎宝宝生命的力量，让准爸爸有信心能呵护他成长。

还要多了解相关知识。通过了解相关知识，准爸爸会相信现在的医疗技术很发达，孕产给妻子和胎宝宝带来的风险绝大部分是可以控制的，进而就能有效缓解自己的焦虑。

贴心提醒

准爸爸有时间可以把去医院的路事先走一遍。因为准妈妈一旦破水，就得马上送她去医院，这是至关重要的事情，所以应该预演一遍。

了解怀孕的好处

胎教须知

虽然十月怀胎很辛苦，分娩还伴随着程度不一的疼痛，但同时也在收获。这不仅能给家庭带来一个可爱的宝宝，对准妈妈来说，怀孕对身心也有不可替代的益处。

更多了解

❶ 减少子宫、卵巢的癌变概率。怀孕期间，子宫内膜暂停周期性剥脱出血，子宫内膜的上皮细胞在月经周期所必经的"损伤—修复—再损伤—再修复"的过程暂时停止，发生癌变的机会也同时减少了。

另外，怀孕让女性体内产生一种抵抗卵巢癌的抗体，它能有效地阻止卵巢癌的发生，怀孕的次数越多、初次怀孕的时间越早，效果越显著。

❷ 改善痛经与月经不调。在孕育宝宝的过程中，女性的身体如子宫、乳房会经历一个再次发育的过程，内分泌也能得到自发的调节，痛经和月经不调都可能得到改善。

❸ 延缓更年期到来。孕育宝宝的过程会让卵巢暂停排卵，直到哺乳后的第4~6个

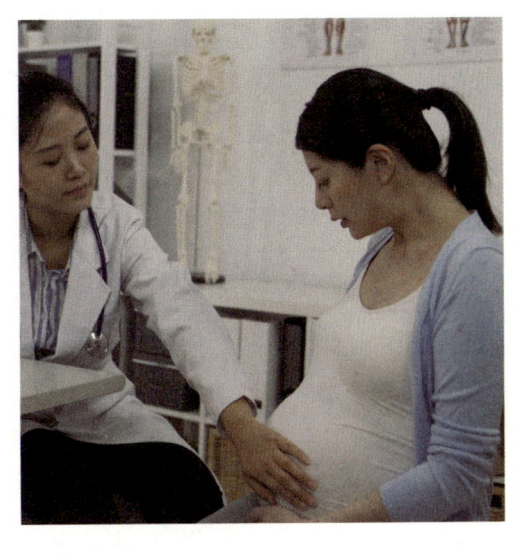

月才恢复，这期间，大约有20个卵子推迟了排出时间，这会使卵巢的衰退时间推迟，从而可推迟更年期的到来。

❹ 令准妈妈的感觉变得更灵敏。怀孕似乎能提升准妈妈的嗅觉，甚至味觉，当然，这样灵敏的嗅觉、味觉在怀孕初期可能会加剧晨起时的恶心感，但到了后期，却会令准妈妈倍加享受各种美味。

❺ 怀孕令准妈妈更美丽。怀孕期间，绝大多数准妈妈都会变得容光焕发，更加美丽，产前产后的细心调理会让这种美丽一直延续到生产之后，这是因为孕期女性基础代谢会增加，身体的内分泌能得到更好的调节，雌激素水平高，因而皮肤更光洁、弹性更好。

贴心提醒

在最后几周的时间里，医生会观察胎宝宝的情况，从而给出准妈妈是否适合自然分娩的建议。如果医院建议剖宫产，准妈妈不可强行要求自然分娩。

胎宝宝有可能超过预产期还不出来

胎教须知

很多准妈妈分娩都会超过预产期，而在预产期后两周分娩也属正常。在40～41周，如果准妈妈和胎宝宝的状况良好，医生一般不会采取相关辅助措施，而是让准妈妈静待分娩的发生。

更多了解

在等待胎宝宝降临的时候，准妈妈需要做的就是不要焦虑，保持平和的心态，可以做点自己能做的事情。散步、整理宝宝衣物、和朋友聊聊天等，转移注意力，不要总是担心自己是不是能感觉到有动静了，这会加重自己的焦虑感。准妈妈也可以和准爸爸外出走走，享受一下最后的美妙时光。因为宝宝出生后，就很难得找到这样的时间了。注意散步时不要离家太远。

准妈妈还要注意休息，为分娩储存能量。如果准妈妈很难在晚上好好睡一觉，可以在白天打个盹，把脚抬高，打开音乐。如果睡不着，也不必发愁，打个瞌睡也很好。亲朋好友的询问会给准妈妈更多的压力，准妈妈可以告诉亲朋好友，不要每天都打电话来询问情况，如果真的生了，自己会打电话通知他们的。

准妈妈还需要坚持产检，如果怀孕41周后还没生，医生会核对准妈妈的预产期是否准确，查看胎宝宝的大小及胎位，检查子宫颈是不是已经为分娩做好了准备（既柔软又有弹性），来确定继续等待或者引产。如果确定继续等待，准妈妈需要进行定期检查

（每2～3天1次），确定胎盘和胎宝宝的状况，看看胎宝宝是不是一切正常。如果确定可以生了，准妈妈需要做好住院的准备。

贴心提醒

如果怀孕超过42周还不生，那就是过期妊娠了。考虑到胎宝宝的健康，如果超出预产期2周还没出生，医生会建议终止妊娠，采取催产手段或施行剖宫产让胎宝宝娩出。

记得宝宝出生后要巩固胎教的成果

胎教须知

宝宝出生后，应该继续复习胎教内容。如果妈妈反复地给宝宝与胎教内容相关或相同的刺激，宝宝就可能逐渐回忆起胎教时学到的东西，做出令爸爸妈妈感到吃惊的反应。

更多了解

之前跟胎宝宝经常说的话、用的词，可尽量频繁地出现在宝宝耳边，宝宝对这些话或词的理解和运用将早于其他。

在孕期说给胎宝宝听的小故事，可再一次说给宝宝听，以加深他的印象，说不定他还会露出满意的表情。

还有那些胎教音乐，在宝宝出生后，妈妈可以继续放给宝宝听，这样有助于唤醒宝宝最初的记忆。

胎教经常用到的某个道具，也要让它尽量多地出现在宝宝视野中，并反复强调这个道具的名称，宝宝对这个道具会非常感兴趣，并逐渐记住这个道具的名称，出生后学会说这个名称的时间也会较早。

贴心提醒

在宝宝出生后，妈妈也可以配合本书，复习之前的胎教内容，巩固胎教成果。

胎教正当时

营养胎教：吃一些让心情更好的食物

胎教须知

越接近分娩，准妈妈的情绪波动可能越大，容易焦虑。不好的情绪和心理无论对准妈妈还是胎宝宝都会产生不良的影响，所以准妈妈要学会自我调节与放松。有的食物则能令人愉快、恬静、安宁，可以在这个阶段适当吃一些。

更多了解

❶ 香蕉。香蕉可向大脑提供重要的物质酪氨酸，使人精力充沛、注意力集中，并能提高人的创造能力。此外，香蕉中还含有可使神经"坚强"的色氨酸，还能形成一种神经递质5-羟色胺，它能使人感受到幸福、开朗，预防抑郁症的发生。

❷ 葡萄柚。口感好、水分足的葡萄柚带有淡淡的苦味和独特的香味，无论是吃起来还是闻起来都非常新奇，可以振奋精神，葡萄柚里大量的维生素C还可以增强身体的抵抗力，也是为我们的身体制造多巴胺、去甲肾上腺素这些愉悦因子的重要成分。

❸ 全麦面包。全麦面包因为含有大量复合性的碳水化合物，具有愉悦心情的作用，其所含有的微量矿物质如硒能提高情绪，能够抗抑郁，也合乎健康原则。

❹ 南瓜。南瓜富含维生素B_1和铁，这两种营养素都能帮助身体把储存的血糖转变成葡萄糖，而葡萄糖正是大脑主要的燃料，脑部运转顺利，心情自然也就好了。

❺ 土豆。土豆是让人的情绪积极向上的食物，因为它能减轻心脏的压力，使心脏减少对身体输送刺激成分。土豆的好处还在于吃下去后能够迅速转化成能量，平时多吃点土豆是快乐的秘诀，但不要吃薯片。

❻ 牛奶。温热的牛奶有镇静、缓和情绪的作用，可以减少紧张、暴躁和焦虑的情绪。

❼ 深海鱼。研究显示，住在海边的人都比较快乐，这不只是因为大海让人神清气爽，最主要的是他们把鱼当作主食。哈佛大学有研究报告指出，鱼油中的ω-3脂肪酸有与常用的抗抑郁药如碳酸锂类似的作用。

贴心提醒

准妈妈心情不好时，需要在家人或者朋友的陪伴下适当进行户外活动，获得充足的阳光照射，充分的户外采风可以令情绪更好。

营养胎教：临产前可以喝汤补充体力

胎教须知

分娩需要大量的体力，在临产阶段特别是产前2周要格外注意合理的营养。合理的营养将给准妈妈带来充足的体力，同时也能为健康带来益处。

更多了解

准妈妈可选择三款美味的汤，适合孕晚期准妈妈的口味和生理需要，准妈妈不妨尝试一下。

鱼头汤

材料：鱼头1个，五花肉、香菇少许，姜丝、豆腐、大白菜、盐、食用油适量。

做法：

1. 五花肉、香菇切丝，鱼头用油煎到半熟。
2. 锅里放少许油加热后，放进五花肉丝、香菇丝、姜丝爆香。
3. 再放入大白菜、豆腐、鱼头及水，蒸煮2小时后放进少量盐即成。

功效：鱼头里钙质含量非常丰富，如果和大骨汤、鸡骨汤轮流食用，可以更好地帮助准妈妈增加体力。

莲藕干贝排骨汤

材料：适量新鲜莲藕、干贝、排骨及少许盐。

做法：

1. 干贝于前一天晚上用10倍的水浸泡至第2天，浸泡的水留着备用。
2. 莲藕不削皮也不切片，留下两头的节，以整节的方式下锅。
3. 排骨氽烫过后，将所有食材放进锅里，加进6倍的水（含浸泡干贝的水）及少许盐，开大火煮开后，改用小火炖2小时即可食用。

功效：此汤可以帮助准妈妈改善体质，增进产力。食用时尽量把莲藕、干贝、排骨都吃掉，汤也全部喝掉。

♡ 养肝汤

材料：红枣7枚。

做法：

每天取红枣7枚洗净，在每枚红枣上用小刀划出7条直纹，这样可以帮助养分溢出，然后用热开水280毫升浸泡8小时以上，接着再加盖隔水蒸1小时即可。

功效：养肝汤可帮助准妈妈减轻创口疼痛，特别适合剖宫产的准妈妈。不论自然分娩或剖宫产，须在产前10天开始喝，每天喝280毫升，冷热皆可，一日分2～3次喝完。

贴心提醒

准妈妈在临产前一周应禁吃人参、黄芪等补物，人参、黄芪属温热性质的中药，自然分娩前单独服用人参或黄芪，会因为补气提升的效果而造成产程迟滞，甚至阵痛暂停的现象。

语言胎教：传统读物《百家姓》

胎教须知

《百家姓》采用四言体例，句句押韵，虽然它的内容没有文理，但读来顺口，易学好记。熟悉它，可以说就是打开了深入了解中国姓氏文化、谱牒文化，甚至是中国历史变迁的大门。准爸爸、准妈妈的进行胎教时可以给胎宝宝读读《百家姓》，很适合这一时期的胎宝宝。

更多了解

《百家姓》是一本关于汉字姓氏的书，成文于北宋初期，与《三字经》《千字文》并称国学启蒙课的"三百千"。

《百家姓》是中国人寻根文化的基础文献，中国姓氏文化源远流长，每一种姓都包含着独特的、丰富的文化内涵。

孕10月

百家姓（节选）

赵钱孙李，周吴郑王，冯陈褚卫，蒋沈韩杨；
朱秦尤许，何吕施张，孔曹严华，金魏陶姜；
戚谢邹喻，柏水窦章，云苏潘葛，奚范彭郎；
鲁韦昌马，苗凤花方，俞任袁柳，酆鲍史唐。

费廉岑薛，雷贺倪汤，滕殷罗毕，郝邬安常；
乐于时傅，皮卞齐康，伍余元卜，顾孟平黄；
和穆萧尹，姚邵湛汪，祁毛禹狄，米贝明臧；
计伏成戴，谈宋茅庞，熊纪舒屈，项祝董梁。

杜阮蓝闵，席季麻强，贾路娄危，江童颜郭；
梅盛林刁，钟徐邱骆，高夏蔡田，樊胡凌霍；
虞万支柯，昝管卢莫，经房裘缪，干解应宗；
丁宣贲邓，郁单杭洪，包诸左石，崔吉钮龚。

程嵇邢滑，裴陆荣翁，荀羊於惠，甄曲家封；
芮羿储靳，汲邴糜松，井段富巫，乌焦巴弓；
牧隗山谷，车侯宓蓬，全郗班仰，秋仲伊宫；
宁仇栾暴，甘钭厉戎，祖武符刘，景詹束龙。

叶幸司韶，郜黎蓟薄，印宿白怀，蒲邰从鄂；
索咸籍赖，卓蔺屠蒙，池乔阴郁，胥能苍双；
闻莘党翟，谭贡劳逄，姬申扶堵，冉宰郦雍；
郤璩桑桂，濮牛寿通，边扈燕冀，郏浦尚农。

温别庄晏，柴瞿阎充，慕连茹习，宦艾鱼容；
向古易慎，戈廖庚终，暨居衡步，都耿满弘；
匡国文寇，广禄阙东，殳沃利，蔚越夔隆；
师巩厍聂，晁勾敖融，冷訾辛阚，那简饶空。

贴心提醒

准爸爸和准妈妈不妨找一找各自姓氏的来源、变迁等，并挑出其中的名人故事，讲给胎宝宝听，激励自己的同时，也激励胎宝宝向前辈们学习。

阅读胎教：故事《白蝴蝶》

胎教须知

作为胎教阅读的文章要短小、精悍，可以默读也适合朗读，内容要温馨、美好，还要有画面感，方便准妈妈去想象。读完了合上书，眼前就能浮现出全部内容那就最好了。孕晚期的阅读胎教也同时起到语言胎教的作用，可以拣几个特别的词汇反复给胎宝宝念念，加深记忆。

更多了解

白蝴蝶

在街道的拐角处，一个老爷爷在卖气球，有红的、蓝的、绿的、黄的……它们脸儿贴着脸儿，随着风自由地飘动，别提多高兴啦。

有一只白色的蝴蝶，每天都飞到这里来，跟气球们在一起玩，这束气球里有个很小的红气球，白蝴蝶跟它最好啦！

有一天，一个背着娃娃的阿姨过来了，阿姨用一分钱买走了那个红气球。在走的时候，红气球说："再见啦，蝴蝶！"可是，白蝴蝶说："不，我们是朋友，我要跟你走！"

白蝴蝶努力地扇动着翅膀，跟在红气球的后边。那个背娃娃的阿姨穿过一条林荫道，朝着公园走去，红气球被一根细线牵着，跟在她背后，在红气球的后边，又跟着白蝴蝶。

阿姨在公园的长椅子上坐下来，唱起哄娃娃睡觉的催眠曲：

噢——噢——乖宝宝睡觉喽——

噢——噢——乖宝宝睡觉喽——

还没等小娃娃睡呢，阿姨自己倒先"呼呼"地睡着了。白蝴蝶不放心地问红气球："这以后，你要到什么地方去呢？"红气球说："这个，我也不知道。"

这个时候，阿姨不知不觉地松开了手，细线滑了出去，红气球开始飘向天空。白蝴蝶也跟着红气球，向天空飞去。

| 孕10月 |

"我不知道会飞到哪里去,蝴蝶,你快回家去吧……"红气球焦急地说。"不,你去哪我就去哪!"白蝴蝶说。

红气球越飞越高,白蝴蝶也越飞越高,往下看去,城市变小了,房子跟玩具积木似的。"好蝴蝶,我还不知道会飞到哪儿去呢,别再跟着我了!"红气球恳求道。

可是,白蝴蝶还是扇动着翅膀,跟着它走,不一会儿,红气球和白蝴蝶就都飞到很高很远的蓝天上去,一点儿也看不见了。

益智胎教:做一做数字小游戏

胎教须知

有的孩子语文成绩好,有的孩子数学成绩好,这都和准妈妈有分不开的关系。准妈妈可以做做填数字的小游戏,也许也能培养胎宝宝的数学思维能力。

更多了解

1 如下图,把3、4、6、7四个数填在四个空格里,使横行、竖行三个数相加都得14。怎么填?

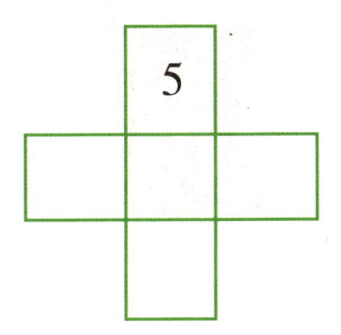

答案:

2 将下面左边方格中的9个数填入右边方格中，使每一行、每一列、每条对角线中的三个数相加的和相等。

6	6	6
8	8	8
10	10	10

答案：

6	10	8
10	8	6
8	6	10

3 将9个连续自然数填入3×3的方格内，使每一横行、每一竖行及两条对角线的3个数之和都等于60。

17	24	19
22	20	18
21	16	23

贴心提醒

不喜欢数学的准妈妈也常常会因为这样的游戏生出无穷的趣味，如果准妈妈不喜欢数学，为了胎宝宝，孕期也要多多玩这样的小游戏哦。

益智胎教：动脑摆一摆火柴棒正方形

胎教须知

越是不想动脑的时候，越要动一动脑，准妈妈不要任由自己随着身体变得笨重，思想也变得懒笨哦。和胎宝宝一起试着用火柴棒摆摆正方形，在摆的过程中，准妈妈还可以把正方形的轮廓描述给胎宝宝听，和胎宝宝一起动脑筋，构建空间感。

更多了解

用16根火柴棒摆成4个相等的正方形，拿掉1根，还是可以摆出4个正方形；然后拿掉2根，仍然可以摆出4个正方形，试试看吧！

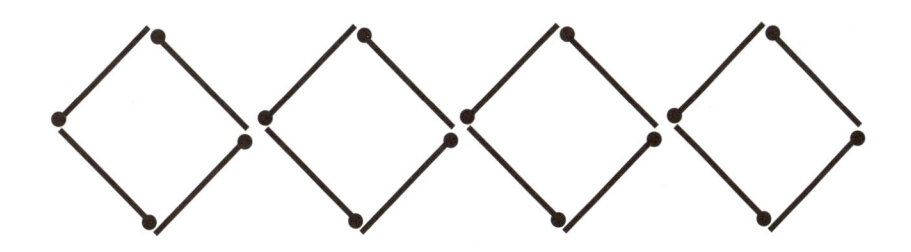

减少1根火柴棒，第4个正方形少了一条边，可以让第3个正方形的一条边做2个正方形的公用边，如图：

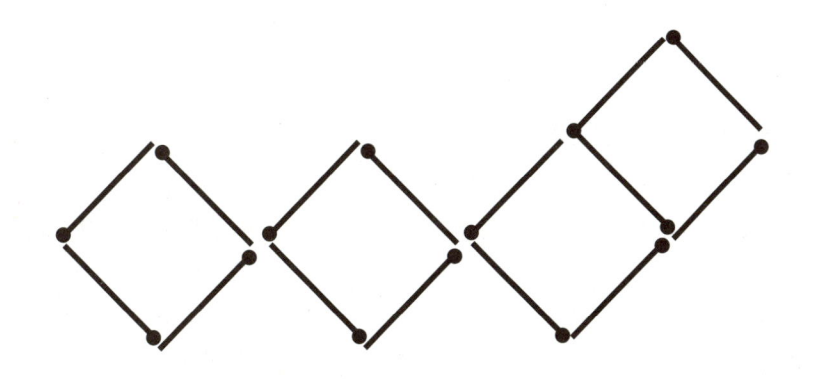

拿掉2根火柴棒时，可以让第二个正方形的一条边和第三个正方形的一条边做第四个正方形的公共边，如图：

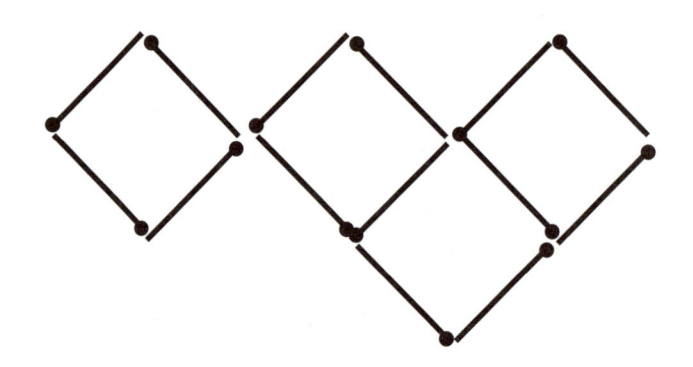

此外，还有其他的摆法，准妈妈试试看吧！

贴心提醒

虽然孕9月的胎宝宝会随时降临，但还应把胎教坚持下去。好的益智胎教方法能让宝宝出生后更加健康活泼、聪明伶俐。

音乐胎教：乐曲《摇篮曲》

胎教须知

《摇篮曲》节奏舒缓，旋律轻柔甜美，曲调恬静而悠扬，就如同一首抒情诗，是母亲抚慰小儿入睡的歌曲，伴奏的节奏则带摇篮的动荡感。睡前用这首乐曲做胎教最好不过。

更多了解

《摇篮曲》原是一首通俗歌曲，作于1868年，作曲家是约翰内斯·勃拉姆斯。

当听着这首乐曲时，带来的将是宁静与闲适，仿佛是母亲在轻拍着宝宝入睡，表现了母亲温柔慈爱的深切情感，让准妈妈和胎宝宝在与旋律一同摇摆的过程中，享受着梦境般的美好。

后人曾将这首歌曲改编为轻音乐，在世界上广为流传，就像一首民谣那样深入人心。

该乐曲相传是勃拉姆斯为祝贺法柏夫人第二个儿子的出生而作的，法柏夫人是维也纳著名的歌唱家，1859年勃拉姆斯在汉堡时，曾被她优美的歌声所感动从而建立了深厚的友谊，后来就利用她喜欢的圆舞曲的曲调作为伴奏，做成了这首平易可亲、感情真挚的《摇篮曲》送给她。勃拉姆斯很喜欢他的《摇篮曲》，10年之后，当他创作《D大调第二交响曲》时，《摇篮曲》的主题竟自然地出现在这部交响曲的第一乐章里。

贴心提醒

如果准妈妈喜欢唱歌，每晚入睡前，也可给胎宝宝轻轻哼一首摇篮曲，那恬静、优美的旋律将很快在准妈妈和胎宝宝的周围弥漫开来，准妈妈所发出的每一个音调都如同一个爱的天使，在准妈妈和胎宝宝之间传递着满满的爱的讯息。

音乐胎教：学唱英文小儿歌

胎教须知

不同的乐曲对于陶冶宝宝的情操起着不同的作用，因而可以促进胎宝宝气质的提升。巴赫的复调音乐能促进胎宝宝恬静、稳定；圆舞曲促进胎宝宝欢快、开朗；奏鸣曲能激发胎宝宝的热情、奔放等。

更多了解

唱一些欢快、俏皮的英文儿歌也是很好的英语胎教方式，不仅可以作为胎教音乐，也可以对胎宝宝进行英语启蒙，下面是两首非常好听的英语小儿歌。

Oh Mr.Sun	太阳公公
Oh, Mr.Sun, Sun, Mr.Golden Sun,	哦，太阳公公，金色的太阳公公，
Please shine down on me!	照在我身上吧！
Oh Mr.Sun, Sun, Mr.Golden Sun,	哦，太阳公公，金色的太阳公公，
Hiding behind a tree.	躲在大树后面。
These little children are asking you.	小朋友在叫嚷。
to please come out so we can play with you.	快出来，我们一起玩吧。
Oh Mr.Sun, Sun, Mr.Golden Sun,	哦，太阳公公，金色的太阳公公。
Please shine down on me!	照在我身上吧！

Catch a Fish　　　　　　　　抓鱼

One two three four five	一二三四五
Once I caught a fish alive	抓到大活鱼
Six Seven Eight Nine Ten	六七八九十
Then I let it go again	放它回河里
Why did you let it go	为啥放走它
Cause it bit my finger so	手指被咬啦
Which finger did it bite	哪个手指呀
This little finger on the right	右手小指头

贴心提醒

音乐的陶冶和训练应该从胎宝宝期开始，具备了听音乐的生理条件后，准爸妈可以开始有计划地对胎宝宝进行音乐胎教。

艺术胎教：名画《第一步》

胎教须知

临近分娩，准妈妈总是于期待中有焦虑，情绪比较不稳。这时候可以欣赏一些关于婴幼儿的艺术作品，比如梵高的《第一步》，用色鲜明，色彩斑斓，可以增加准妈妈对分娩的期待，减少焦虑。

更多了解

这幅画是梵高临摹自米勒（19世纪法国杰出现实主义画家）的同名作品，画面近景是一块耕地，远景是农民的房屋，房屋被几棵树挡住，画的右方，一位农妇扶着小女儿在学步，农妇低头关注地看着小女儿，左方是小女儿的父亲，他蹲在地上张开双手，鼓励小女儿向前走，小女儿伸手朝向父亲，似乎很想扑到父亲身边。

画面有很明显的梵高个人风格，多用蓝、黄和绿色，明亮度比较高，贴近自然，人物线条以厚实的黑色加框，让画面有实实在在的朴素感觉。

为让胎宝宝对艺术的了解更深入，准妈妈可以给胎宝宝讲讲名画背后的故事，尤其是画家的故事，这对理解画作很有帮助，这幅画的作者梵高是油画史上具有开创意义的画家之一。

梵高：1853年生于荷兰，少年时为画商工作，后来开始绘画，他喜欢用色彩表达强烈的感情，对野兽派及德国的表现主义有巨大影响。

梵高一生敏感而易怒，聪敏过人，思想超前，因此生前在许多事情上很少取得成功，生活不幸而且艰辛，在他短短的37年生命中，他仍坚持把自己对艺术的热情贡献给了这个世界。

贴心提醒

《第一步》是一幅温馨的画，画面中弥漫着育儿乐趣及一家人在一起的朴素亲情，相信这种温暖的感觉会令准妈妈受到感染，让胎宝宝感到温暖，感受到生命的活跃与实实在在，平凡中满溢着和谐、慈爱、生机盎然。

艺术胎教：电影《地球上的星星》

胎教须知

成人看儿童的书或动画片往往会觉得幼稚，大多不感兴趣，可孩子却看得津津有味，大人与孩子想要得到有效的沟通，得将自己放到孩子的角度才行。无论是现在，还是在不久的将来，准爸爸和准妈妈都要试着让自己从孩子的角度去与胎宝宝交流。

更多了解

影片基本信息

片名：《地球上的星星》
导演：阿米尔·汗
编剧：阿莫尔·吉普特

主演： 阿米尔·汗 / 达席尔·萨法瑞 / 塔奈·切赫达 / 萨谢·英吉尼尔

片长： 165分钟

影片简介

《地球上的星星》是一部洋溢着童真、包容、善良与阳光的电影，小男孩的世界充满了别人不以为然的惊奇：色彩、鱼儿、小狗和风筝，这些对于成人世界却并不那么重要，大人对家庭作业、分数和整洁更感兴趣。在学校，小男孩似乎什么也做不对，一个年轻男老师用时间、耐心和关怀帮助着小男孩，帮他找回自己的快乐。

人长大了，就会用大人的思维去看待周围的一切，会要求孩子好好学习，功课要拿好成绩，不能贪玩，将来才能考上好大学，找份好工作。可是，小孩子却并不是这样思考问题的，试试站在孩子的角度去想问题，结果可能会很不一样。

意念胎教：致快乐的小天使

胎教须知

怀孕即将圆满结束，胎宝宝已经在准妈妈的腹中长得很好了，说不定此时正在调皮地微笑呢。准妈妈深呼吸一下，闭上眼睛，继续在心中想象胎宝宝的样子，和胎宝宝展开对话。

更多了解

亲爱的宝宝，我是最最爱你的妈妈。宝宝，现在，你睡在妈妈的肚子里，还时不时地伸伸你的小胳膊、踢踢你的小腿，这些妈妈都能感觉得到。

我们很快就能见面了，爸爸和妈妈就可以见到亲爱的宝宝你了。爸爸和妈妈多么期待着这一天的到来啊。

宝宝，妈妈会给你最多、最好的爱，让你无忧无虑地长大，会带你到很多地方去玩，给你买你喜欢的玩具和书，会和你一起玩游戏，给你讲故事。

贴心提醒

准妈妈可以默默地在心里和胎宝宝对话，也可以发出声音来。

阅读胎教：故事《请不要生气》

胎教须知

胎宝宝马上就要出生了，即将由胎宝宝变成一个小婴儿，他有自己的意识、思想、感受，是一个独立个体。准妈妈要早早意识到这一点，这样有助于将来和宝宝和谐相处。

更多了解

这个故事是一个总是惹人生气的小男孩的内心独白，他总是做一些自己觉得没有什么不对，但却让大人非常生气的事儿，当他被大人批评，眼含泪水闭紧嘴巴不吭声的时候，内心其实是有很多辩解的话，但他选择什么都不说，因为他觉得，有些话说了，会让大人更加生气……

我总是惹人生气，不管是在家还是在学校，我总是惹人生气。
昨天，我惹人生气了，今天，我也惹人生气了，明天，我还会惹人生气。
我好不容易上了小学，好不容易成了一年级学生，可是……

我们常常以为，很皮、很淘气的孩子不会在意大人的批评，绘本中小男孩的故事却告诉我们，其实，淘气的孩子也会非常在意大人的态度，他们也会因为受到批评而情绪低落。因为非常在乎大人是否生气，以至于"请不要生气"成为小男孩最大的愿望。

准爸爸胎教：陪产

胎教须知

基本上每个自然分娩的准妈妈，都会存在一定的心理障碍，紧张是她们的共同特点，所以当家人，尤其是准爸爸在身边时，准妈妈的感情、心理都会得到安慰，有利于减轻准妈妈的紧张，加快产程。同时，目睹胎宝宝的艰难出生过程，也可以增强准爸爸对家庭的责任感。

更多了解

准爸爸一定要事先做好分娩的"心理备课"，要认识到，先照料好自己，才能照顾好准妈妈。

❶ 做好打持久战的准备。别忘了给自己带上干净的衬衣、舒适的鞋、足够吃饱的点心，带上一两本漫画书或笑话书，为和准妈妈的交流预备谈资。

❷ 熟悉自己该做的事。准爸爸要熟悉自己在产房要做的工作，不能插手医护人员的处理方式，放心让医护人员去做他们的工作。

❸ 预先心理评估。晕血、心理素质差的准爸爸不宜陪产。如果准爸爸觉得自己无法承受分娩时的强烈心理冲击，那就不要陪产。

准爸爸陪产要做的事情

阶段	特征	要做的事
第一产程（宫颈扩张期）之潜伏期	潜伏期为宫口扩张的缓慢阶段，初产妇一般不超过20小时，经产妇不超过14小时	1.帮助准妈妈补充一些营养可口的食物以储存体力，用被子和枕头做靠垫，让准妈妈调整到最舒服的姿势，或者带准妈妈就近散散步
		2.在这一时期，准爸爸可以讲笑话来缓解准妈妈对产痛的恐惧
第一产程（宫颈扩张期）之活跃期	活跃期为宫口扩张的加速阶段，可在宫口开至4~5厘米即进入活跃期，最迟至6厘米才进入活跃期，直至宫口开全（10厘米）。此时宫口扩张速度应≥0.5厘米/小时	1.多准备些准妈妈喜爱的食物，如鸡汤面、花色粥、蛋饺面、乌鱼面等，可以帮助准妈妈有足够的体力面对生产
		2.认真观察子宫收缩与胎宝宝的心率，了解母体与胎宝宝的状况。可以准备一个本子，记录每小时中出现的阵痛次数和胎心监测结果，提供给护士做参考
		3.协助更换产垫。在待产过程中，护理人员会在准妈妈的臀部下方垫上一层产垫，保持被褥的清洁。在待产过程中，随时可能会出现下体出血或大量流水的状况，准爸爸要随时观察产垫的状况，一方面是要及时提醒护理人员来更换，另一方面也是监控产妇是否"破水"
		4.轻轻按摩减痛。有针对性地按摩可以大大缓解准妈妈的痉挛式阵痛。准爸爸可以依次按摩准妈妈的脊椎、尾骨、大腿内侧、腹部、臀部、头颈、上臂以及双脚

阶段	特征	要做的事
第二产程 （胎儿娩出期）	此期从子宫颈口开全到胎宝宝娩出为止，未实施硬膜外麻醉者，初产妇最长不应超过3小时，经产妇不应超过2小时；实施硬膜外麻醉镇痛者，可在此基础上延长1小时，即初产妇最长不应超过4小时，经产妇不应超过3小时，但医护人员一般在初产妇超过1小时即予以密切关注，超过2小时即进行母胎情况全面评估。准爸爸不必过于担心	1.坚持小范围的按摩。在这一阶段，按摩妈妈的手或肩，哪怕是单侧的按摩，都对妈妈的情绪起到很好的安抚作用 2.鼓励妈妈。到这一阶段多半在"精疲力竭"地冲刺，因此爸爸鼓励性的话语必不可少，"我看到宝宝的头了，他想出来！""还差一点点！你做得很棒！咱们就要成功了"诸如此类的鼓励必不可少 3.补充水分。在分娩过程中，妈妈大汗淋漓，消耗了相当大的体力，准爸爸不妨用棉花棒蘸上温水，擦拭在准妈妈的双唇上，以补充水分
第三产程 （胎盘娩出期）	指从胎儿娩出到胎盘娩出，一般5~15分钟，不超过30分钟，这一时期阵痛已弱，母子平安，准爸爸也可以舒一口气了	1.拍摄整个迎接新生命的过程。包括剪断并结扎脐带、过磅，护士向妈妈展示新生儿性别、填写出生卡片、给宝宝脚上套辨别卡片，妈妈欣慰的笑容等，作为日后珍藏的记忆，但应注意不要触碰到无菌区域，以免因"污染"而影响到妈妈和宝宝哦 2.继续观察陪伴妈妈。六成以上的产后大出血会发生在产后1小时内，因此，爸爸须继续跟到观察室休养并观察约30分钟，预防意外发生，这十分重要 3.协助哺喂母乳。自然分娩的妈妈，在产后半小时内就会接手照料宝宝的任务。但此时她已耗尽体力，可能连把孩子抱持过来吸吮母乳的力气也不够了，爸爸可以在一旁协助妈妈哺喂母乳

贴心提醒

有时，准妈妈可能会变得急躁易怒，变化无常。准爸爸不要对此太在意，因为准妈妈只是在对正在经历的疼痛做出反应而已。

图书在版编目（CIP）数据

胎教同步指导专家方案 / 夏颖丽编. -- 成都：四川科学技术出版社，2022.10
（优生·优育·优教系列）
ISBN 978-7-5727-0685-1

Ⅰ．①胎… Ⅱ．①夏… Ⅲ．①胎教—基本知识 Ⅳ．①G610.8

中国版本图书馆CIP数据核字（2022）第163167号

优生·优育·优教系列
胎教同步指导专家方案
YOUSHENG · YOUYU · YOUJIAO XILIE
TAIJIAO TONGBU ZHIDAO ZHUANJIA FANG'AN

编　　者	夏颖丽
出 品 人	程佳月
责 任 编 辑	仲　谋
助 理 编 辑	刘　娟
封 面 设 计	北极光书装
责 任 出 版	欧晓春
出 版 发 行	四川科学技术出版社
	地址：成都市锦江区三色路238号　邮政编码：610023
	官方微博：http://weibo.com/sckjcbs
	官方微信公众号：sckjcbs
	传真 028-86361756
成 品 尺 寸	170mm×240mm
印　　张	14
字　　数	280千
印　　刷	河北环京美印刷有限公司
版　　次	2022年10月第1版
印　　次	2022年10月第1次印刷
定　　价	39.80元

ISBN 978-7-5727-0685-1

邮　　购：成都市锦江区三色路238号新华之星A座25层　邮政编码：610023
电　　话：028-86361770

■ 版权所有　翻印必究 ■